Las flores del espíritu

Tomo I

Maximiliano Ranieri

Colección narrativa #02

Director de proyecto: Manuel Quiroz.
Diseño de portada e interiores: Manuel Quiroz.
Imagen de portada: Imagen libre.

Primera edición, julio de 2022.
Ergo editores para Amazon
ISBN: 9798844229572
movimientoculturalergo@gmail.com
https://movimientoculturalergo.com/
Lima-Bilbao

Este contenido estará disponible en nuestra web https://movimientoculturalergo.com/ en formato pdf y en Amazon para formato físico.

Prólogo

Maximiliano Ranieri ideó un libro que sería desde la primera página hasta la última un compendio de sabiduría, una sorpresa fortuita, un arquetipo de elegancia, un valiosísimo conjunto de experiencias, un consuelo para los sufridos y un arma para los apurados. Y tras finiquitarlo se interrogó por qué no publicarlo y, poco después, en una de sus usuales encrucijadas, se preguntó para qué.

Este libro utópico querido lector, es un utilísimo conjunto de fragmentos que, conociendo a su autor no se ajustan a ningún género en concreto, decidió hilar en un compendio indescifrable, *cool* y célebremente ansiado. Esta obra se convertirá en la brevedad en el libro de cabecera de muchos de nosotros. Yo siento que es una bitácora cómo la de Robert Musil la cual fue uno de los más exquisitos signos de todos los tiempos. Pues Ranieri empezó escuchándose, consciente de utilizar una formula antiquísima pero efectiva: conocerse a sí mismo. Logró situarse de manera admirable a las puertas de su propia disolución como personaje. Es también un ser que se reconstruye ventajosamente en el anonimato de un mundo de paisajes ortodoxos como inciertos y escapar raudamente en el relato de su vida como en el vasto universo de otros. Todo termina siendo el pacto de tanto trabajo literario que engloba lo dicho por Alan Pauls, existe una fatalidad sensacionalista del género, un maniático inventario de hechos y días.

Cuando uno connota la claridad de su escritura resulta clarificador pues todas las tramas se juntan en la unidad de la solución final. Podemos interpretar entre líneas que el autor nos dice que este es un libro que estaba destinado en escribir y que comprendió que era tan bueno que superaría al *Quijote*. Ojo, no es que tuviera temor en dedicarse a la tarea de escribirlo, sino la más honda de las inquietudes, porque se vio envuelto en una prisión con barrotes por su potencial obra maestra. Cada página transita todas las líneas de la literatura, porque no pertenece a ningún estilo en concreto, sólo es literatura. No es cuentista, no es novelista, dramaturgo o ensayista, sino simplemente escritor. Pero también cuando creemos inocentemente más conocer su tono nos percatamos de que nada sabemos de él, lo que dificulta cuanto podemos decir de su obra. Y nos salva el timbre cuando encontramos su más lúcida declaración de principios.

Es quizás una leve conjetura, pero a ciertos lectores de Ranieri puede dejarles una huella honda e imborrable el punto de vista tan variopinto que éste va adoptando, es como la contraposición a un determinado totalitarismo en las perspectivas de Flaubert o Balzac. Es increíble cómo pudo concebirlo incompleto, labrando en los vacíos y dejando al lector activo que las complete. Posee una levadura omnisciente de distanciarse así mismo, gracias a ese recurso crea un clima de misticismo, de suspenso, por momentos de angustias, Tiene su escritura la exuberancia de Bolaños que sentenció el mito de la magnificencia del boom de la literatura latinoamericana al transitar por caminos vagabundos. Tal como lo hizo en *Los detectives salvajes* y en *2666*.

Para finiquitar vale decir que esta es una escritura peligrosa, que puede cerrar contacto con los otros y confinarnos al autoexilio, pero también es la coartada perfecta para decirnos a los escritores que debemos escribir y escribir solamente acerca de los paradigmas y complejidades que nos plantea nuestra vocación. En este caso confieso que *Las flores del espíritu* sorteará las dificultades que las épocas pueden plantearle.

Yohei Moriya Miyakawa
Puerto Malabrigo, agosto de 2022

A modo de preámbulo y agradecimiento

Estos textos que no sé qué mierda son, trip-lit-hol y trip-lit-e, llamados Flores del Espíritu

No podrían haber nacido sin la irreverencia de Baudelaire, sin la lectura de Hitler, la gran locura ascendida de Sun-Tzu, Lao-tse, Márquez de Sade, Artaud, Maquiavelo, Rousseau, Ariosto, Homero, Sófocles, Spinetta, Thomas de Quincey, Chesterton, Unamuno, Hesíodo. Sin Vallejo o sin Pizarnik. Sin Rimbaud, sus reinas, las flores que me he fumado. Sin mi papá, sin Alcides sin Gaby. Sin mis pies en tierra, sintiéndola lo más cerca posible del puente del Inca que nadie puede cruzar salvo los de la alta suciedad. Sin sentir en la tierra el terremoto y que me sacuda todo el cuerpo. Sin saberme microbio de la Tierra e hijo del Sol. Sin saberme confidente y confesarme ante la Luna. Sin mi parte hedonista y puritana. Sin mi idea liberal original y de izquierda pura. Sin la mierda del nuevo capitalismo, el estado de bienestar, y la mierda marxista. Sin las tiranías. Sin todo lo que está mal para mí. Con todo lo que está bien a mi criterio. Si no existiesen pelotudeces como el New Age, los Neonazis, las Femi-Extremas, la estupidización global del pueblo, personas que luchan pero que van a evolucionar como el KB y Jotita. Sin despertar cada cierto tiempo. Sin elevarme. Sin reptar. Sin locura. Sin mi elevación que me glorifica la naturaleza y me aterroriza el metal sufriente que se ha convertido en un auto que contamina. Si no me hubiese dado cuenta de que hasta la mierda es una hoja descompuesta. Que "todas las hojas son del viento menos la luz del sol". Sin Charly y sin Miguel. Sin Andrés y sin Fito. Sin Camarón de la Isla y sin Lole y Manuel. Sin Sticky Fingers y WOS. Sin todos los artistas que produce Bizarrap y además Eminem y Snoop Dogg. Básicamente sin nadie que no conozca en lo terrenal o por medios larga distancia. Sin toda mi experiencia, mi conocimiento, mis saberes, mis cosas que rellenan mi consciencia, mi subconsciente, mi imaginación, mi creatividad y las metáforas.

Sin todo en definitiva y obviamente no podría haberlo hecho si no tuviese tatuado Ouroboros y por sobre todo si no entendiese que todos somos nadie, hijos del desierto que volvemos y creamos selvas. Gracias a la luz, el sonido, la visión, y el sexto sentido: el sentido común. Y obviamente, si la energía no fuera mierda eléctrica, nunca hubiera hecho nada. Y si no existiese la nada, tampoco.

Gracias, a los reverendos hijos de puta. Que son todos los mencionados menos Pizarnik y los de las grandes empresas también. Y daré gracias en los próximos tomos a quien deba si crece mi arsenal de influencias y no-influencias.

También anuncio que he inventado el género trip-lit-hol (viaje literario holístico) y el trip-lit-e (viaje literario elevado) (piénsese en el trip-hop) o lo he definido así a algo que ya existe. Mi recomendación es que cuando lean trip-lit, la lean con cogollitos de marihuana recitándola a varias personas o con sus amados, del mismo género o del otro. No estoy alentando a que fumen marihuana, yo solo doy mi opinión analítica subjetiva. Todos tenemos criterios, y libertad de acción. Mientras no te vuelvas loco como yo… ¿me volví loco?

Todo son hojas

(o una cosmogonía y espiritualidad del ser humano desde su propia percepción; y flores, muchas flores)

Esta no es una obra literaria común,
es una obra literaria científica,
o un mostrar desde el espíritu;
díganme Da Vinci, Artaud y Carl Sagan al mismo tiempo,
todo es discutible,
todo es posible y a la vez nada es posible.

Para *Issis*

Inicio

El vacío se engendró como una semilla en la nada, que era un útero, y creó el todo. El vacío era masculino, por eso el hombre entrega. El útero es un limbo. Y el Todo es femenino, pues recibe y engendra.

El vacío creó el todo, y el todo gesta nuevo vacío, todo lo crea. El Todo crea la posibilidad del futuro. Esa posibilidad de futuro es vacía, algo que todavía no se llenó. Una vez que el siguiente vacío entrega su semilla, el todo engendra el futuro. Por eso el Universo es infinito, porque el Todo siempre está siendo procreado. Por eso el Universo es un círculo. Pero es un espiral: vida es muerte es vida. Por eso el ser humano es infinito en su consciencia e imaginación, por eso vuela y repta, porque es hijo del vacío cósmico, el alma, y el espíritu terrenal, el todo que da forma a la energía. Como el Todo es infinito, el vacío también. Por eso la humanidad se salvará de la inexistencia, por eso el inconsciente es vasto, vacío y lleno a un tiempo, conectado a todo y a la vez a nada. La humanidad nació para entender el cosmos. Cuando esté en armonía, le tocará estar en paz con los otros extraterrestres.

El vacío creó al hombre, y el Todo a la mujer. Los extraterrestres ya están acá.

El hombre solo era hombre, y entregó su semilla, y la mujer la recibió, siendo solo mujer, al engendrar un tercero, nació el primer ser superior: el primero que hizo que hombre y mujer estén unidos. Igual que en el cosmos. Por eso pudo entender. Por eso desarrolló consciencia. Yin y yang: ese símbolo tiene un punto donde el negro y el blanco se funden en el centro. Nosotros somos polvo de estrella, barro y hojas, bacterias, de fuera de la Tierra. Ese primer ser superior es algo extraterrestre y a la vez terrestre, pero comunicado con el cosmos. Por eso tanta sabiduría antigua desde las culturas ancestrales.

No todos son alienígenas en este planeta, algunos son simples; son seres humanos, no tienen evolución. Hay seres que evolucionan, el espíritu es energía y la energía evoluciona. En el alma, espíritu, psiquis, y mente, algunos seres evolucionan para entender mejor la cultura, evolucionarla, entender cosas del cosmos que otros no, acceder a planos superiores. Por ende, son seres que nacieron evolucionados para evolucionar la especie, tanto en su inconsciente colectivo, en su cultura, en lo nuevo que se enquistará en el alma, y en el mundo onírico al que iremos a parar al abandonar la Pachamama. Todas las especies evolucionan, fuimos mutando, al no ser vista por la Tierra, es y no es de la Tierra. La evolución es extraterrestre y terrestre al mismo tiempo. Somos hijos del cosmos y de la Tierra. Recibimos rayos que nos dan vida.

Cuando los primeros humanos murieron, desde su experiencia, crearon un plano superior en el cosmos donde fueron y son Dios, creando la posibilidad del Gran Sueño Humano y crearon el inconsciente colectivo. Papá y mamá de la humanidad crearon la posibilidad de que existamos por siempre como especie terrenal, y a la vez nos prepararon un paraíso energético. A medida nacen más seres, más inconsciente, más mundo onírico. Porque a medida el progreso del ser humano es, y evoluciona, y piensa y crea, al morir entrega toda su alma al lugar que nos espera a todos. Por eso debemos ser holísticos. Cuando el espíritu creó a Zeus, lo hizo posible en otro plano. Cuando el alma sintió la iluminación, hizo posible la comprensión, que, si no la adquirís en esta vida, la adquirís donde nos esperan los primeros humanos y, sobre todo, el Dios Vacío y la Diosa Todo. Nosotros somos lo que rellena la trinidad. Por eso los triángulos, en los celtas, en el cristianismo, y en las pirámides.

Pero la punta del triángulo ve el cosmos, invertida la pirámide, ve lo menos que lo atómico.

Comprendemos mucho el macrocosmos, pero poco el microcosmos. Debemos inclinar el espíritu hacia el útero. Por eso esta época es el momento de que tantas mujeres hablen.

Esto es el inicio de Todo son Hojas.

La paranoia

El ser humano, en los psíquico, tiene dos extremos: la neurosis y la psicosis. En el medio está el equilibrio. El equilibrio psíquico: imaginar sin creer en lo que el subconsciente nos dicta de extraño, y lo terrenal sin preocuparse demasiado por adquirir cosas materiales como si en eso le fuera la vida.

Todo es dualidad, solo que el ser humano es quien debe estar en equilibrio con toda dualidad. Ahí la triangulación. El prisma.

La paranoia neurótica, quizá fumando flores, es que la policía te va a llevar preso. O sin flores, que te van a robar el celular en cualquier momento. La paranoia psicótica es que todo fue creado por algo supremo a vos que te tiene atrapado en una jaula de la cual no podés escapar, y que todo el universo conspira en tu contra. Sin flores, el universo conspira a tu favor, o en contra, y te podés volver loco, o más loco de lo que siempre estás.

Entendí por qué yo siento paranoia psicótica: todo lo que recibo del exterior, es para mí y solo para mí. Todo se guarda en mi alma. Todo lo que percibo, lo percibo de un modo que nadie más puede percibirlo, lo mismo les pasa a otros u otras o no binarios. La paranoia equilibrada, necesaria, es entender que hay un plan supremo en donde cada uno tiene su propio plano donde todo lo que recibe, percibe y entiende es para su propio mundo, su propio universo. Porque así como somos parte del todo, somos uno, y somos nada. El Cosmos nos ha dado nuestro propio cosmos donde nadie puede acceder (en lo terrenal) a nuestra alma; nos ha dado conexión terrenal para comprender los universos de los otros, y nos ha dado ese otro plano donde no existen ya los secretos ni la soledad.

Mi paranoia psicótica, nunca neurótica, es producto de que

siempre voy en contra del ser supremo, o el cosmos. Creo en él, pero como me rebelo de que dictamine mis pasos, en mi vida surgen obstáculos (paranoia y no perderme en mi propio yo, soltar el ego y recibir de los demás, aceptar las causalidades), Estoy pagando mi karma de este ir contra la corriente. Pero eso es justamente lo que me enseña todo lo que estoy diciendo. Pero no debo olvidarme del panteón al cual pertenezco.

Y como existe un ser supremo, un cuerpo cósmico, un algo, y mucha energía, existe la paranoia.

Ah, oh, uh

Solo unos pocos entendidos se dan cuenta que en la música a veces una onomatopeya tiene más contenido, que el contenido mismo de la letra.

Un ah, puede ser liberación.

Un oh, un morir y renacer.

Un uh, un dolor y superación.

Trip-lit-e I

Me Persigue

Acá, en el Paraíso de El Gran Padre, viene todos los días Lucila a entregarme una florcita. Un cogollo.

Nos sentamos en los jardines de nuestro panteón y escuchamos música o leemos.

Acaba de venir y me ofreció una merienda, la rechacé. Ella está fumada. Vuela, con la música, mientras que, una vez la letra lo dice todo, yo analizo. Le digo lo que analizo y ella escribe. Tome su pluma señorita, se la cedo. Querida Lucila, transcribí lo que voy a decir:

"Es muy veloz
viene hacia mí
puede alcanzarme".

Una vez te pegás el viaje de la marihuana, velozmente viene hacia vos ese gran ente superior, que es uno mismo en el cosmos. Lo que uno será, uno en el futuro, tan grande e inmenso, con toda la vida hecha, vislumbra, eso que viene hacia uno, en el presente, vislumbrando su nuevo despertar y, sin dudas, te puede alcanzar.

"Cuando lo vi quise volar para alejarme.
No sé por qué viene hacia mí,
inexplicable
Siempre está en la oscuridad insoportable".

Siempre uno intenta volar pensando otras cosas, pero no se puede desobviar su presencia. Está en la oscuridad del interior, y viene hacia nosotros porque es la superación y el crecimiento.

"Me persigue desde ayer
un fantasma,
ya no sé qué hacer".

La resaca de bajar, es que sigue ahí. Ese es el momento del despertar, sigamos.

"Cómo cambiar de parecer sin asustarme.
Una canción puede ayudar a relajarme
Alguna vez va a suceder, después de todo.
Creo que ya lo superé, siempre hay un modo
[...]
un fantasma es".

En el viaje y en el low, cambiar de parecer nos puede perder, no podemos negar esa presencia. Una canción nos hará bien. Alguna vez sí, seremos ese ser completo que se nos revela. Lo superamos, siempre hay un modo, sea despertando nuevamente, renaciendo, o simplemente no aprendiendo nada nuevo. Pero la mejor forma de superarlo es aceptarlo, y que se haga carne en tu espíritu. No nos preocupemos, ese fantasma solo es nuestra alma inmortal que no está sujeta al tiempo, y es el pasado de nuestra alma antes de que haga nacer más espíritu y evolucione.

Listo, gracias Lucila.

Una cosa que me da asco

Es la venganza de la cotidianeidad de la convivencia.
Esos pútridos amores que ya no sé qué son
donde si te silencia tu jermu
vos la silenciás dos días después
cuando podés
para cobrártela.

Esas pequeñas venganzas,
me hacen vomitar,
séparense,
o cojan con todo el mundo.

Qué lindo...

Qué lindo es no tener otra cosa que hacer que ayudar a arreglar las cagadas mentales y sociales de las personas. Qué lindo no tener caca en la cabeza. Qué lindo no accionar con caca en la vida.

Ahora me la paso ayudando en las neurosis, los mambos mentales, las depresiones de los demás.

Y repitiendo una y otra vez: volás demasiado, poné los pies en Tierra. O, también, sos muy terrenal, tenés que dejar volar el espíritu.

Se, qué lindo es no tener otra cosa que hacer que ayudar en las cagadas de los demás.

El foco

Los zurdistas contemporáneos con los capitalistas contemporáneos parecen haberse puesto de acuerdo.

Las luchas del pueblo se han convertido en cuestiones individualistas y reivindicación del yo, cuando al yo hay que destruirlo constantemente. Las líneas que bajan de las naciones unidas son los movimientos LGTIBQ+, el aborto legal, lo mismo que el consumo de la marihuana, la cuestión de género, el lenguaje inclusivo.

Estamos poniendo mal el foco.

Lo que de verdad tendríamos que estar hablando y haciendo marchas, puesto que la tolerancia y el patriarcado se está destruyendo solo y en eso las generaciones ya están despertando (sobre todo porque es bajada de línea política, mujeres libres solo significa más explotación laboral en lo económico), debiera ser la caza de ballenas, la deforestación a gran escala y sobre todo la del Amazonas, el toreo, la caza furtiva, los animales en peligro de extinción, la contaminación medioambiental, los autos eléctricos, el uso excesivo de plantación de soja, el maltrato animal, la comida orgánica accesible, el impulso del arte en todas las naciones apoyando a los artistas, el espiritualismo sin new age. Pero no, nos pusieron el foco en pelotudeces. Y los que se creen revolucionarios no lo ven, les vendieron el ismo de la revolución, y luchan por individualidades: ser gay, ser trans, usar el lenguaje inclusivo, abortar; todas luchas colectivas sobre la elección individual. Por esto mismo afirmo, esto no son más que luchas de recreación y retroalimentación y potenciación del individualismo, no son luchas sociales. Son protestas sociales para liberar la individualidad. No nos une, solo genera tribus. No es el individualismo óptimo y respetuoso, es el individualismo que segrega y discrimina. Tenemos mal puesto el foco.

Algunas frases para algunos entendidos

El águila de Zeus estadounidense está llegando a todos lados menos China y Rusia.

[...]

El dragón ya es multicolor pero se está olvidando muchas cosas.

[...]

El ego es la defensa a lo que todos acuden dentro del sistema, cuando deberían reformularlo desde el vacío.

[...]

El Tao está siendo olvidado, o convertido en New Age.

[...]

Los espíritus elevados están caminando por la cuerda floja tratando de no caerse hacia el traspase del límite impuesto por nuestra condición de mortales.

[...]

Los espíritus elevados están viendo la locura de las sociedades.

[...]

No existe un solo despertar.

[...]

Hay energías de maldad.

[...]

Quien muere con el aura negra, no sé a dónde va a parar.

[...]

Estamos viviendo una distopía, palabras prestadas.

[...]

Lo que se busca son las tiranías, para estupidizar al pueblo, y eso lo comanda quien siempre defenderá la libertad (libertad en su territorio, aunque con útiles inútiles, pero distinto).

[...]

El kraken te salvará de la perdición individualista.

[...]

Debemos hacer renacer al leviatán.

[...]

Lean los clásicos del siglo diecinueve para atrás.

[...]

Hasta hoy en día censuran a Maquiavelo.

[...]

¿Querés ser padre?: lee Emilio o de la Educación de Rousseau. ¿Querés ser íntegro y vital?: lee a D. H. Lawrence.

[…]

¿Creés que estamos avanzando?: lee a Henry Miller, y cómo hoy ya no sirve más que para crear hippies boludos.

[…]

En Valparaíso hay que tirar una bomba, y en Ibiza me parece que también. Lo mismo en Ámsterdam.

[…]

No existe ningún héroe nacional argentino que no se haya mandado cagadas y bondades sacando a Belgrano. Leé el libro de Belgrano. De paso a Sun-Tzu, a Lao-Tse, y si todo lo que enseña Krishnamurti es algo que ya sabés, venís bien.

[…]

La acupuntura, la homeopatía, el reiki,el tai-chi, el yoga y la astrología, te pueden enseñar más que un psiquiatra, cada uno por separado.

[…]

Si no te interesa la espiritualidad, ni el alma, ni el más allá, es porque te importa ponerla, que te la pongan, o comprarte un coche nuevo.

[…]

Bukowski sería más grande que Homero si escribiese en el 2022.

[…]

Lo espiritual es muy simple, nuestras cabezas son complejas. Y es que la psiquis está creada bajo la lógica del Universo, y este se reduce a algunas simples leyes físicas, pero a un quilombo de conceptos, como estrella, polvo, asteroides, galaxias, nebulosas, y todo eso nubla la mente. El espíritu es simple, caos y orden, muerte y vida, nacer y morir, amor y odio, atracción y repulsión, pija o concha.

[...]

Me cansé: la revolución es cultural.

La cosa gratuita para el público

Esta soledad que me abraza, es enorme. Sí, he perdido la lucidez. Sí, he perdido la cordura. Sí, he sentido el nirvana. Sí, me iluminé ascendí transcendí sublimé. Viví en eterno estado divino. Deliré y tengo sueños premonitorios desde que soy niño. De repente me elevo sin drogas. Tengo demasiada energía. Pocos conocen lo que yo conozco. Pocos han transitado tantos estados del ser.

Así que estoy solo en mi casa y esta soledad es terrible. ¡Qué solo e inmenso me siento! Demasiada alma y demasiado camino recorrido para nada. No sirve para nada. Solo para mí, ¿a quién le puedo expresar lo que soy? Mi alma y mi mente saben tanto, pero pese a que pueda enseñarlo, canalizarlo, construirlo en conceptos, la soledad es absolutamente un gran vacío que habito y que está llena de todo y a la vez de nada. ¡Qué solo estoy entre todos los mortales! No hay compañía que pueda entenderme cuando estoy de flores. Cuando fumo con amigos llevo una mochila pesada, todos esperan mi última palabra, la síntesis, la sabiduría. Y yo siento cómo el monstruo del límite de lo que soy y seré me viene a comer. Debo dejar a un lado ese gran monstruo que no es otro que yo mismo y todos los demonios, y hablar con los vivos como si estuviese poseído, poseído por lo que me baja del cosmos. Luego, bajando, la mochila se descarga un poco. Pero la siento por días, y vuelvo a estar solo. Escucho canciones que me recuerdan este ser que concibo como divino cuando veo la esencia profunda de los demás, los distintos planos, la incomunicación de las almas. Ese plano superior que nos espera a todos es mi única esperanza de que sufrir esta soledad valga la pena. Que escribir esto sirva para que vos no te sientas tan solo o sola, pero que jamás te alcanzaré, dijo Spinetta: "mi boca besara toda la ternura de tu acuario". Vos, que nacemos del primer pez, habitás en una pecera, tu alma está encerrada en la jaula material, y yo besaré con amor la ternura de tu soledad y tu encierro. ¡Somos seres condenados!

Ya lo carnal no sirve de nada. Tengo sexo y me siento más solo todavía. Por un momento alcanzo el cielo, luego desciendo al infierno más profundo y no es católico, es peor que el de Dante. No queda otra que fumar un pucho. "Si quiero me toco el alma, pues mi cuerpo ya no es nada". El cuerpo está dentro del alma. Disfruto drogado o no drogado la compañía, y luego vuelvo a estar en esa soledad, y cada vez es más gigantesca y yo me pregunto cuántos años podré soportarla si cada vez se hace más grande. Yo me voy haciendo cada vez más viejo y despierto, veo esta sociedad estupidizada, rota y enferma, y digo, ¿qué mierda está pasando? No quiero tener este cuerpo gigantesco que es galaxias y constelaciones. Yo solo quiero ser un átomo.

Los pies en la tierra

I

Tengo un pie en la vida y un pie en la muerte, Lau.

Mi soledad es gigantesca.

Creo que el frío es lo que sentimos al morir. Debemos ser fríos, el cuerpo debe morir. Aquello que siempre es calor es el alma y se libera, recorre todo, se hace viento. Las hojas están conformando todo el cosmos, menos la luz, la luz es una hoja directa, los límites entre ser y ser son abismales —pero a veces aparecen esos puentes amarillos—. Cuando recibimos los mismos rayos estamos vibrando igual. Antes de nacer vibrábamos, y vibramos de tal modo que aparecimos en esta parte del globo.

Que vos y yo, Lau, tengamos que encontrarnos, no es casualidad. Que vivamos cerca es una causalidad. Es un camino de una cuerda floja la que transitamos, como en el circo, pero nunca caemos si creemos en nosotros mismos, y en la luz que vislumbramos si llegamos a un punto de descanso, que es el otro ser. En ese abrirse las almas. Como vos y yo. Ahora, Lau, ahora mismo. Te estoy entregando mi ser. Sacando de mí palabras abisales.

II

También he sabido vivir en la montaña. He volado, y no siempre solo, y he tenido conexiones astrales o mágicas, sin y con drogas, y vos y yo algún día podremos reptar otro día volar. La serpiente y el águila, no me canso de decirlo. Te confieso: soy vidente. A veces veo situaciones de milenios después, otras de unos meses, otras del día siguiente; son ensoñaciones, premoniciones, ciencia ficción, certezas e imaginaciones subconscientes de lo que puede llegar a ser. Todo es posible y a la vez nada es posible. Creo en algunas profecías, el gris me queda bien, yo lucho sin luchar, acá te muestro mi ser y esa es mi lucha.

III

Mi revolución es ser yo, y con solo mostrar mi yo y no me refiero al ego sino mi ser sé que hago una revolución. No necesito de ismos o de adoctrinamientos solo siendo auténtico puedo lograr romperte el bocho (Cabeza) no me refiero a vos, sino a los otros y vos lo mismo, por eso estamos hermanados, no por nada conectamos. ¿Es lo que nos pidió Kafka, no? "Siempre digo lo que veo lo que siento no está". Mi interior está en guerra, pero lo extraño es que tengo paz interior, pero siempre estoy intentando revolucionarme, sea leyéndote, o viendo conferencias, o saliéndole a la vida a que me dé golpes, o que me dé conexiones. Tenés aura plateada, tenés el brillo de la luna, hoy lo vi, en la videollamada, no sabía que existía el aura gris plateada, acabo de buscar qué significa, buscálo vos también. Si no la matás, vas a estar en su panteón. Cuando te vea, mi gran pregunta es: ¿me darás una mirada azul? No te voy a decir qué significa para mí, amiga mía, pero la he visto en varios rostros. Me impulsa a accionar, a profundizar, a ir más allá. A conocerte lo más profundo. Perdón, puedo ser muy incisivo. Admito que tengo los colmillos de la serpiente, sin veneno, pero suelo circular profundo. la vida me late "y busco lo primero que sacie mi sed" todos nos sentimos solos, es una cruz que todos debemos cargar y mi abuela…

IV

estoy ahora disfrutando mi soledad, porque estoy conectado contigo escribiéndote esto, entonces me acompañás, estas letras serán eternas, entonces no moriremos solos, aunque la vida nos entrecruce, y tal vez luego nos pierda, eso sí que no lo vi, no lo sé, pero no me importa, "como riendo todos juntos a la vez ¿me entendés?" me he sentido, uno y todo y he entendido que existió algún instante en cada ser donde el instante que vivieron fue eterno quedó guardado en los archivos del cosmos donde todos decidieron que la energía se disperse, todos seamos uno y una individuos, todos hemos elegido esa opción con nuestras culpas y perdones, hemos decidido que todo sea como todo tiene que ser, seamos condenados, salvados; en esos instantes eternos que todos vivimos hemos elegido ser nosotros aun si nacimos para la miseria; hemos elegido la miseria, la soledad, o el crimen, o la brillantez, o el diamante, o el barro, o la canción, para mí, la palabra, es: Nosotros.

V

Nosotros. Humanidad, luchando contra Lucifer, aprendiendo de él, también, hay que aprender lenguaje de señas, braille, estamos en la época del re-descubrimiento, el de los caminos equivocados y el de la invención. Error, ancestral, correcto. En esa trinidad encontraremos cómo liberarnos y crear una nueva humanidad, el puerto del mañana. En armonía, en unos milenios, te estoy regalando, las flores de mi espíritu. Por alguna razón lo estoy haciendo. Nadie debería leer esto. Todo el mundo debería leer esto. Sos mi musa mientras puse a escuchar la grasa de las capitales esperando "Viernes 3 A.M." Los españoles deben escuchar todo el rock argentino, sentencia. Nosotros los argentinos, todo el rock hispánico, y el MPB.

VI

pensás que en el caos hay armonía, yo te digo, el principio de la entropía, orden para el desorden, para que se vuelva a reordenar, ciclos infinitos espiralosos, la verdad del universo, la verdad de nuestros corazones, tal vez la verdad de nuestra sensación de estar acompañados, solos pero crecidos, acompañados y vacíos, solos pero llenos, acompañados y llenos, solitarios y vacíos, etcétera, la pava ya casi está caliente, tomaré mates con miel, vos también sos dulce, entre tus penumbras, "el amor me hacía llorar" cada vez que miro las películas de Harry Potter, me recuerdan esa niñez perdida, y viene la nostalgia, todavía lloro con la muerte de Dobby, es mi generación, ¿viste vos? Loca linda, la gata quiere salir afuera, entra rápido porque hace frío, pero tengo calor. Me siento no tan solo, estoy bien, tenía miedo a mis monstruos como si no los conociera, lo que sucede, es que hace poco, nacieron nuevos; todavía los estoy conociendo, ¿o los estoy recordando? Desde que volví a mi camino he descubierto que no he matado a nadie, no solo están los de siempre, ahora están los de mis treintas; son unas bestias, lindas llenas de sabiduría, no nacieron ahora, son viejos embriones de madurez, ahora han crecido, son bestias sí, pero de 27 en adelante, otoñales, y sabios, me dan equilibrio, plenitud, lo mismo que soledad, más grande, más inmensa, y los de los 20, están encadenados, mis 22 si que fueron de locos, bohemia pura, sigo siendo bohemia, no vivo igual que mis padres

VII

vos dijiste Pizarnik se casó con la poesía, yo digo, estoy casado con esto mismo que estoy haciendo ahora. No puedo ya hacer otra cosa, porque estoy condenado, porque me han crucificado y dolió, y pregunté qué es lo que nos hacemos, porque cargué cruces, porque lo simbiótico pasional ya lo viví, porque perderlo todo ya lo viví, porque vivir en la calle ya lo viví, porque ahora soy la mejor versión, de mí mismo, entonces escribo genial. ¿No? ¿Me imaginás con cuarenta años? ¿Qué será de mí si la muerte no me reclama? Si esos barcos no llegan, o tal vez blancos, puede ser. Si digo aves, digo viento, si digo viento, digo yo. Si digo yo, digo sol. Si digo sol, digo el resto son hojas. Plantas, metales, hojas y hojas, Spinetta me habla, luego barro, ¿pero no fue hoja? ¿El universo es una hoja zarandeada por el viento? tan perfecta ella que hace que las que deben caer caigan, por ese zarandeo, alimentando la tierra, los gusanos, todo.

VIII

no duermas en la intemperie tengo mis alas, te están rodeando una es negra la otra es blanca, a veces digo, El Flaco estaba en otro plano, Charly es un demonio de alas blancas que vino a dar testimonio y reliquia de los que se fueron, Cerati aprendió de todos y se coronó, Fito se maravilló y Calamaro se rebeló… entre tanto, Miguel Abuelo creía en la esperanza en la libertad en la juventud, todos dieron su cosmos gigantesco, su granito de arena, lo mismo escritores, nosotros debemos hacer honor, de lo heredado, y desheredar falsos ropajes, convertir el vino en agua, y el agua en paz y el litio en paz y ¡basta! Obrantes, ya sé que algo grande estamos creando mientras somos pequeños y también gigantes, siempre seremos todo lo posible, lo creado, lo increado, y lo imposible, en las calles soy lo posible, en las letras soy lo imposible, pero para que luego sea posible. Esa es mi meta. Nací para esto y vos también. Desde distintos frentes de combate de guerra cultural, pero unidos, de vez en vez, un poema desde la necesidad, al fin, hace un año, todos son artefactos, mero oficio, pero desde las entrañas, desde el alma, recién ahora casi las doce de la noche, hora de dormir y callar, y yo estoy insomne, o demasiado iluminado, alimentándome de vos, de Serú Girán y de lo próximo que ponga a reproducir, que decidí, cinco minutos después del último verso sea: Los Abuelos de la Nada 1 y te recomendé "Sintonía Americana", te dije que cuando dice americana, no se refiere a una chica americana, sino al continente, y cuando digo continente, se refiere a sus naciones. Y sobre todo sus pueblos, el buen presente del hoy, esa canción, te dije, fue una premonición, otro acto de vidente, una charla con Miguel, era cinco días de encierro, componiendo, entenderás un poco, "mi filosofía de toda la vida", conociendo y no conociendo esa canción, esa canción fue hecha básicamente, para mi resiliencia que siempre tuve, un poco esa canción, existe para mí, solo que hoy, existe para todos. Los zurdos más puros, los anarquistas más precisos, las monarquías de bienestar, ya estoy flasheando, pasemos a otra cosa, mariposa. Puse a Miguel para hablarte también con luz no envidio nada de lo que imagino porque todo lo concreto, somos soñadores despiertos,

IX

te hablo de mi libro de la bicicleta, este es mi libro del espíritu, al fin puedo superar mi oficio, esto ya no es oficio, al fin, es pura alma, y espíritu, te hablo de mi libro de la contaminación, que contradice al de la bicicleta, porque ya no estaba de acuerdo, vamos creciendo, querida, sigo de acuerdo con, la voz de la muerte, otro texto, que te pasé retazos, soy prolífico lo admito, quizá necesitás un año, para leerme, no todo rompe, no todo bulle, no todo es un hacha, no todo es lo que pedía Kafka, pero algo es algo, todo sale del bocho, algo del corazón, otro poco del ombligo, otro tanto de las vísceras, mucho del espíritu, pero lo que sale del alma, es un triunfo, sin arco. Te hice reír, una de las mejores cosas que podemos hacer en la vida. Himno de mi espíritu ya no tan oscuro, es hacer reír, admito que me sale bastante bien, como en las dos veces que fui a la feria del libro, de Buenos Aires, hace unas semanas, cambiemos de música, necesitamos otras facetas, en este poema, pero crucé la mar, al fin, y seduciré,

X

todos somos un gran océano, ahora Of Monster And Men, sacar piedras del río, oscuridad y conexión, podemos hacer emerger montañas del mar a la superficie, con este disco, ya dije que querría ser cantante, te vas a dormir, o al menos dejás tu celular, este poema debe de morir entonces ¿Puede un poema morir? es un forma de decir, ahora me toca seguir solo, igual que estaba antes, e imaginar tus respuestas, o solo hablarte un monólogo, esta banda, vos lo dijiste, te tomo tus palabras prestadas: "conectar lo desconectado".

Una vez, vi a un amigo, tan viejo como los milenios, con su cara tiznada de luna, conectado a miles de cables, que salían de las paredes, eran cables eléctricos, cables modernos, pero eran cables cósmicos, desde entonces he pensado, que vivimos una sociedad medular, y debemos destruir la médula, es que nos conecta a todos, el cordón umbilical plateado del cosmos, se me ocurrieron muchas cosas, pero creo que estamos atados, conectados, cableados, a todo y a nada, a los agujeros negros, a los blancos, a las estrellas, a las entrañas del cosmos, a las propias, al otro lado de nuestra creación, a la inversa del yo donde no existen conceptos, donde solo se fluye, somos asesinos, nos robamos y nos regalamos aire, somos bestias, infames y gloriosas, somos océanos profundos, ni siquiera nosotros sabemos, qué tan insondables somos, es que somos naturaleza, somos el rayo solar es cierto, pero también somos la luz lunar, y todos su secretos, somos las partes negras del cosmos, somos el ojo del tigre, el zafiro, y la muerte, somos la muerte, somos desconexión, somos entes separados, nos unimos comiéndonos lo que exhalamos, y nada más, tal vez un pacto, de sangre con sangre, máscaras y disfraces, parches y corazas, carnaval nocturno; tenemos miles de capas de cebolla, miles de hojas unidas, retorcidas y horripilantes, para que no entren a nuestro corazón, pero si se animan, sacamos la barrera,

XI

y los monstruos de esos íntimos dos, bailan y ríen y se emborrachan, se emborrachan de la vida, y eso se corona con hacer el amor, un hacer el amor desde el alma, cuando dos seres humanos, reflejando en sus caras, todos sus mil monstruos, con sus brazos y piernas peludas y retorcidas, cuando somos medusas, sirenas, cerberos, minotauros, ninfas, sátiros, cuando somos lo más retorcidos posibles, sin dañarnos, pero mostrando eso que no conectamos, con personas de plástico, o boludas, hacemos el amor cósmico, el amor sin nombre, hacemos el enlace la unión íntima, y después, todo es felicidad negra, recuerdo cuando yo era cazador,

[...]

cazaba seres, almas, mi dios kraken había muerto, ya no era con las palabras, endulzar oídos, y engatusar, seducir, y hacer reír, era la hora de la leona, cazar ciervos, y si podía hienas muertas de hambre, albatros, cóndores, con las letras cazaba ballenas, escupía a los grandes magnates, y mi saliva sé que los matará, a los que no le dan ni un peso al pobre;

XII

pero mi lado cazador estaba interesado, en salir de noche, a la bohemia, a la armónica, al ron, a los mendigos, a los punks, a los grafiteros, los hippies, a los darks, a los after, a las flores de marihuana, y al hundirse en los abismos, usar las garras, para hablar mudo, con la armónica, con los artistas, con todos los que sabíamos, que, de noche, y habiéndolo perdido todo, éramos más brillantes que el amor, éramos el odio, éramos lo no concebido, éramos los que con palabras y melodías, nos destrozábamos mutuamente los corazones. Con penurias, con nuestros abismos hablando, con nuestros mayores dolores. Nos mostrábamos todas y cada una de nuestras cicatrices, y podíamos ver la herida que fue, veíamos la sangre verterse veíamos el cuchillo, veíamos el atacante, veíamos el accidente. Nos mostrábamos los parches del corazón, y veíamos los amores, veíamos las compañías de vida, veíamos las palabras hirientes, las flechas clavadas con veneno; vertíamos venenos en los oídos, nos corrompíamos, éramos artistas de verdad. En esa plaza, de Valparaíso, y en sus calles, todos nos mostrábamos los dolores, y nos hacíamos más fuertes que cualquier metal, y luego, después de vomitar, volvíamos a tomar, y ya no vomitábamos. Y todo terminaba a las doce del mediodía, o una de la tarde. Esas madrugadas gritadas con canto de cuervo. Éramos buitres, y comíamos nuestros propios cuerpos descompuestos y podridos y así conseguíamos seguir viviendo. Es que éramos carroñeros, y después nos revivíamos, y nos cambiábamos la apariencia; a querubines, y decíamos cosas como, debo entrar a trabajar, mi esposo me espera, tengo que estudiar, mi mamá debe tener el almuerzo listo, mi hermano quedó en ir a tomar un café con leche, o el más común: me voy a dormir porque no doy más, y el sol me derrite.

XIII

Luego conocí a Aurora, y con ella a Mac De Marco, y Chamber of reflection; el camino de la oscuridad, tras haber estado tanto tiempo en el camino de la luz, me llevó al camino de la espiral. Y en ese camino, me iluminé, me supe todas las propiedades, de todas las plantas, me supe todas las religiones, aprendí sobre los sigilos, vi al Rey David frente a mí, vi a Rimbaud haciendo poemas, vi al primer hombre, vi a las primeras mujeres, aprendí el tao y el Popol Vuh, vi las piedras, las jaulas, las médulas, los gatos, la muerte, el horizonte del universo, vi el todo, vi la nada, vi el desierto, vi la jungla, vi la paranoia extrema, vi el instante congelado, vi la enfermedad, vi las ganas de asesinar, vi la sobriedad. Luego, conocí a todos mis seres queridos, en sus más profundo ser, vi un ser más grande que yo, vi las semejanzas, y a todos los dioses, los roles que se repiten, los tuertos egipcios, los voladores griegos, los ensoñadores hinduistas, los auténticos chamanes, los vestigios del ocultismo, a Caín y Abel, a Goliat, a pobres diablos, y por último al ángel Pedro, que conjunto a Caronte, me sacaron del infierno, y luego de ese espiral, me durmieron cinco años. Hoy despierto, y en plenitud, te escribo esto.

Yo soy multi-algo
Si es que algo soy.

XIV

Lau, tengo un pie en la muerte, un pie en la vida.

Ganas de cortarme las venas con un vidrio filoso

¡No puedo creer la estupidización que estamos viviendo! No puedo creer en lo que se ha convertido el socialismo. Y Estados Unidos, que es de derecha, ¡hace lo mismo que ellos!

Personas que se casan con su perro, un árbol, una computadora, un holograma.

Familias de dos hombres gays y dos mujeres lesbianas, compartiendo un hijo.

Personas católicas que no pueden adoptar un niño porque al no tener la "ideología de género" son considerados homofóbicos. Que vaya en contra de sus creencias no significa que no tengan la mente abierta.

Multa a unos pasteleros cristianos por negarse a hacer un pastel para una boda gay. Quebraron y están en la pobreza. Perdieron su pastelería.

Yo soy cristiano, pero le están metiendo el dedo en el culo a gente que no se lo merece.

El sexo y el género no es lo mismo. ¿No tengo pito y soy hombre? ¿No tenés vagina y sos mujer? Si sos un hombre que se cree atrapado en cuerpo de mujer, en realidad sos una mujer en sexo, considerándote hombre en tu psiquis. Si es una desviación, o un colapso entre cuerpo y mente, no lo sé. Pero sos mujer, solo que te considerás hombre. Por ende serás transexual, y punto. Pero si cometés un delito, no podés ir a cárcel de hombres, o vieceversa, un hombre que se considera mujer ir a una cárcel de mujeres. Si violaste lo más probable es que violarás adentro. Si sos mujer podés ser sometida por hombres. Lo mismo percibirse niño y decir que no sos pedófilo. Hacer legal locuras patológicas como la zoofilia, la necrofilia, y el incesto. ¿Estamos viviendo Pompeya, Sodoma, Gomorra? ¿Qué mierda tienen en la cabeza? Un niño atrapado en cuerpo de adulto no es una cuestión de identidad lógica, es una enfermedad mental. Si yo fuera psiquiatra me pegaría un tiro en las bolas con todo lo que se está legalizando.

Mantienen estúpida a la gente, dándoles una libertad que no es otra cosa que ser patológicos, controlables, enfermizos, disociados. Los de la farándula creyéndose libertarios y progresistas defienden causas totalmente ilógicas e irracionales.

Estamos viviendo un desastre como sociedades.

Ya nadie habla de la caza de ballenas, hablan de la identidad de género. Están flasheando. Solo están flasheando. Pero peor que eso. Desvinculando la identidad con lo biológico, no solo están percibiéndose otro sexo, se están percibiendo niños, sin género, los pedófilos dicen ser niños y así no son castigados, otro no se siente hijo y tiene sexo con su madre, toda esta estupidez de "cómo nos percibimos" no está llevando a cosas que no son otra cosa que locuras. No son absurdas, son trastornos. Trastornos que arrastra la humanidad desde los principios de los tiempos, solo que antes eran clandestinos, y todo el mundo sabía que eran patologías psíquicas, ahora son legales. Quien lucha por estas cosas, no es libre, se esclaviza. Creen que estamos progresando, evolucionando, y solo estamos cayendo en los derroteros de lo más perverso del ser humano.

Estamos haciendo de lo perverso integración, diversidad, y revolución mental.

Siendo honesto, me quiero cortar las venas. Estamos, sin duda, en una distopía. No se dan cuenta que esto lo controlan los medios y la farándula, para que sigamos siendo ovejas vestidas de lobos feroces. Y que hagan con nosotros unos estúpidos sin una identidad crítica y pensante.

Sinceramente

No estoy para seguir rebuscando con las drogas eso que se me escapa de la oscuridad del espíritu, no en este momento.

No estoy para misticismos ni cosas cósmicas.

No estoy intentando plasmar en este momento la evolución del espíritu que Artaud nos deja hacer gracias a sus intervenciones.

Estoy pensando que en un país hicieron legal la zoofilia, y todo mi espíritu se vuelca hacia el asco, hacia la repulsión, hacia la desilusión, hacia esta guerra que combatimos los justicieros, los indomables, en desacuerdo. No cabe duda, esto es una guerra cultural.

Una guerra cultural que debe luchar contra los trastornos psicológicos tomados como todo menos eso, una guerra cultural con las supuestas revoluciones sociales que no son otra cosa que adoctrinamiento, opio, y dominación.

Debemos luchar. Es hora de que salgamos a combatir toda la locura.

El espíritu debe estar claro, preciso, simple. No necesitamos entender más de la naturaleza, porque ya conocemos la naturaleza humana y la cósmica, que están interrelacionadas. Lo que necesitamos es sentido común.

Y mi sentido común me dice que no podés legalizar la zoofilia. No. No. No. Sinceramente no.

Debería dejar esto

Cuanto más escribo, más me particiono, más me expongo.

He dado y doy todo en mis letras. Mi ser está aquí.

Nadie, en absoluto, nadie, sabe todo lo que yo soy en todo lo que he hecho que se suele llamar Literatura. ¿Por qué sigo escribiendo si así rompo mi alma en pedazos y la entrego y me deja de pertenecer? Cómo entiendo a Pizarnik. A otros. Ser artista es ser de los seres más solitarios que hay. Los seres más solitarios que no hayan hecho arte la hacían en sus mentes.

No todos conocen este actuar tan solos, Ouivo Violeta, el aullido del lobo excomulgado, transmutando su vida en arte. En ese sonido que rompe a las personas en dos, ese rayo, cae a la tierra como un remanso de agua para ahogarse o salir a flote.

Queridos artistas, ustedes mis almas gemelas, perdonen este lamento.

Es solo que me siento tan poco amado… Deberé, simplemente amarme a mí mismo en esta soledad. Qué poco me importa la muerte. A veces creo que no siento nada. Estoy más allá. Lamento ser como soy, lamento aceptar todo tan naturalmente. Lamento ser tan equilibrado y casi despreocupado. Creer que todo siempre va a estar bien. Aunque se muera la gente. ¿Estoy loco? ¿O estoy demasiado cuerdo? Y si esto de naturalizar todo es estar algo cuerdo, ¿qué mierda nos pasa? Deberíamos morir, lo mejor que podríamos hacer es morirnos todo. Basta de vergüenza, de injusticia, de miseria. De mierda, de tanta mierda. No puedo creer que vuelva a decir: debemos morir todos. Pero, al fin y al cabo, eso sucederá: moriremos todos. Así que todo va a estar bien. Solo quiero dejar de llorar por este destino humano.

Somos, dioses tan crueles. ¿Qué le espera a mi alma tras la muerte? ¿Qué pasará conmigo? Debo morir, estoy solo, lloro por la pena, lloro por todo lo que hace llorar, estoy llorando por la humanidad y no sé qué hacer. Sencillamente no sé qué hacer. Solo me queda creer en la inmortalidad del ser. En este momento estoy arruinado, no debería escribir. Estoy débil, soy tan débil en el fondo. Mi mochila es muy pesada. A veces me canso de cargarla tanto. A veces quisiera no llevarla más, y solo tengo veintiocho años. Es tan, pero tan difícil seguir a veces. Pero debo. No solo por mí mismo, por encontrar flores nuevas en mi espíritu, también por otros. Pero a veces me pregunto, ¿cuándo llegaré a ese momento en que decida utilizar la escopeta?

Queridos, ¿quieren saber algo? Sí, soy muy débil en el fondo. Pero al menos todavía siento.

Tal vez esta es la encrucijada de la vida, naturalizar, y sentir. Llorar, y reír. Después podemos ser fuertes. Después tocará el momento de ser fuerte.

Sí, tocará ser fuerte. Porque hay que compadecerse de los vivos.

Con respecto a esto del espíritu

El espíritu puede ser una jaula. Es una jaula cuando solo es cuerpo y mente. Pero una jaula que necesitamos entender para liberarnos de ella. Por eso debemos transitar el espíritu. Es una jaula cuando nosotros, el ser, lo enjaulamos. El ser debe liberar el espíritu, sacar luz, al mismo tiempo el espíritu debe liberar el ser. Las palabras son conceptos, el espíritu es lo inteligible, no ser esclavos de la palabra y a la vez nuestra herramienta. El ser puede ser jaula del espíritu. El espíritu puede ser jaula del ser. Acceder a ser pura alma. Los que tienen alguna creencia, no necesitan indagar en el espíritu: tienen fe. Al tener fe no se preguntan nada, creen en algo divino o superior, al hacerlo se saben eternos e inmortales. Son pura alma, no necesitan del espíritu. ¿Pero debemos creer en las religiones? ¿O mejor dudar de todas ellas? No me sorprende que Spinetta caminase con Artaud, sacase su disco, siguiese indagando, hasta creer en Dios.

Conectar lo desconectado. Sí, existe mucho sepultado en el subconsciente de verdadero del humano, hay mucha tiniebla y conexión medular que entender. ¿Por qué tenemos cables invisibles que nos conectan con el cosmos? ¿Esos cables invisibles que nos conectan al todo?

Sin dudas, hay muchos que han buceado en lo abisal. El asunto es sacar luz de ahí. Llega un punto en que la espiritualidad se vuelve una jaula. Llega un punto que la mochila se hace demasiado pesada.

Lo bello de la vida es el amor y la naturaleza. Eso debe ayudar a esclarecer el espíritu o darnos un respiro.

En definitiva: rebuscá; pero no te olvides de sentir el sol. Rebuscá; pero no te pierdas. Rebuscá; hasta que ya no haga falta.

Luego de liberarse de la jaula, te queda ser pura alma. Brillar, y ser un guerrero. Ser fuerte y ver. El espíritu enseña a ver, sobre todo una vez que se hace microscópico. Y percibe las pequeñas cosas de la vida. Y lo atesora. Y las celebra. Cuando el espíritu saca todo lo soterrado de lo oscuro y lo vuelve luminoso, hemos deshecho la jaula.

Solo nos queda fluir, ser libres, ser esencia.

Un algo

Él murió y su alma se dispersó en la vegetación circundante de su patio.

Cada vez que su hermano paseaba por el pasillo, él lo percibía.

Su hermano decidió irse de vacaciones y él se fue de planta en planta, de metal en metal, hasta su micro. Fueron a Mendoza. Se internó el hermano en un bosque y él lo seguía. Lejos, en la ciudad, la chica de su vida estaba tomando un helado. Él utilizó toda su alma y agitó el viento tan fuerte, que el hermano quiso refugiarse en la ciudad. Volvió y entró a un café para ponerse bajo techo, dado que parecía que se venía una tormenta. Él era las plantas del interior, viendo como su hermano pedía un café con leche. La mujer de su vida empezó a sentir frío con este temporal, así que entró al café. La única mesa vacía era la del hermano, puesto que él había logrado que todo el mundo acudiese a ese lugar a ocupar las mesas por culpa de esperar a que esa tormenta arreciase. Ella le preguntó si se podía sentar en frente del hermano. El hermano dijo que sí. Los dos a la vez pidieron medialunas. Así empezó su amor, que duró por siempre, tras los dos haber tenido tres relaciones fallidas. Él sabía que la chica del helado era para su hermano. No existen las casualidades en esta vida. La pregunta es, ¿se lo dijo un ser superior del cosmos que ellos dos debían estar juntos, o la esencia de la Tierra a la cual estaba conectado? No lo sabemos.

Si quiero me toco el alma

Un poeta condenado,
a esta cicatriz
a esta musa eterna
aunque me lleven otros brazos,
monstruos nuevos
monstruos encarcelados
te digo
prefiero tenerte a mi lado
en brazos de otro hombre
pero yo maravilhado
el amor debe ser pasional
el amor debe ser puro
y libre
no quito
la seducción
de la ecuación
pero también agrego,
la amistad
el compañerismo
la soledad.
Que la mochila
no sea tan pesada
que la cruz,
la sostengas un rato
que los clavos
me los quites
al fin sanen mis heridas
y se cierren los agujeros.

Se abrirán nuevos
vivir es así
tanta miseria

tanto idiota
tanta idiota
tanta lucha sin sentido
tantas falsas banderas
yo con ningún ismo
yo sin adoctrinamiento
te voy a enseñar
cómo volar
y con los pies en la tierra
descenderás a lo profundo
de tu sentido de existencia

Tu misión única en la vida
y tu misión colectiva
algunos la conocen
otros siempre la desoyen.
No estoy intentando hacer rimas,
lo juro.
Nada puedo escribirte ya
todo lo he dicho
ya estoy solo
no hay alternativa
ayer me puse en el borde del colchón
y acaricié la parte vacía
las lágrimas salieron rápidas
y tengo la fortuna de no tenerte.

Cada vez me va mejor,
pero camino
tan solo…

Será que al fin llegó mi momento
el camino de la luz
luego el camino de la oscuridad
después el camino de la espiral
ahora debe de ser el camino de la libertad.

Todo es tan
simple, mi amor…
todo es tan simple.
Vos y yo
fuimos un momento de
destrucción
y así,
nos hemos reconstruidos.
Tenemos nuestras
vidas.
Ya no queda cable desenchufado.
Sanar y seguir caminando.
Prefiero verte
con los ojos
de otros amantes
para verte sin egoísmo
para verte brillar en sus ojos
amándote
haciéndote tan bella.
Por dos orillas distintas,
llegará el día,
en que se haga justicia.

Como todo es posible y a la vez nada es posible

Me permito contradecirme y renegar de cosas que escribí hace unos días.

Quizá el espíritu no es una jaula.

El espíritu es una manifestación del alma, u algo similar, por ende, es libre.

Ustedes consideren verdadero esto, o lo otro.

¿Qué onda?

No es nuevo esto del adoctrinamiento,
data de siglos, ¿quién la tiene tan clara?
nos meten el dedo en el culo desde adentro,
esto sucede desde hace largo tiempo.

Ah

La ingenuidad me parece un don tan asqueroso.

Ah, hago de mi Balles un Córdoba. Buenas tardes, buenas noches. A todo el mundo.

Ah, repudio mi corazón generoso.

Ah, ayudar en el arte y la cultura me está pareciendo demasiado lindo. Y a mí no me gusta lo demasiado lindo.

Ah…

No tengo nada para decir, así que hablaré de cualquier cosa que acabe de caer en la cuenta.

Me gustan las flores de marihuana.

Me gusta el alcohol.

Me gustan los pies de mujer.

Los tatuajes, que zafan.

No quiero ser mujer.

Soñé que tocaba su piel.

Una mina me dijo que su editorial era tradicional y resulta que es de autopublicación.

Tal vez publique algo pronto.

Artaud puede ser genial, pero yo soy mejor.

No pienso ser mejor poeta que Spinetta, pero sí que Cerati.

No me gusta Soda Stereo, básicamente.

Ah, no sé qué pensar.

Me estoy por ir a Reiki.

Ya debería irme.

Creo que hay mucho loco, mucho pelotudo, y mucho ciego.

No hice la tarea para el taller de poesía.

Ah, me voy. Ya escribiré más ah.

Los mensajeros

Creo que los mensajeros siempre tienen algo muy roto dentro.

Trip-lit-e II

Lo que digo

Ahora con este cogollito de Lucila, me pongo a analizar esta letra, y ella transcribe. Mandále nomás nena.

"¿Por qué no me llamás,
no me empujás?
¿Estoy soñando
o es real?
Las cosas que no están
no importan ya
Yo simplemente quiero amar".

A veces me pasaba en mi pasado terrenal, que cuando estaba de flores o de alguna droga, las cosas eran tan perfectas, el cosmos me comía tanto, que me preguntaba si acaso todo aquello era real. ¿Podía sentirme tan divino y conectado al todo, las causalidades eran tan perfectas, que eso era real? Quizá el mundo terrenal es un mundo onírico. ¿Por qué no me llamabas, no me empujabas, Gracia, otras, otros, cuando yo estaba tan high queriendo solo amar, sin importarme lo que ya no estaba, como digo, empujarme, estar vivos conmigo? ¿Por qué no? El problema es que yo estaba tan vivo, que quemaba como el sol, hijo directo como tantos otros, de tantos soles, que debía morir de tanta energía.

"¿Por qué no me mirás?
estoy acá,
saltando de felicidad.
El tiempo ya no pasa,
no está más.
Voy a contarte una verdad"

Tranquilo, quieto, acompañado, elevado, introspectivamente saltando de felicidad, y sin mirarme, el tiempo no pasaba, no estaba más. Éramos atemporales. ¿Por qué no te dabas cuenta lo feliz que era? ¿Por qué no veías mi alma? Es que nadie puede ver el alma del otro a veces. Solo las sonrisas enseñan la verdadera condición humana. Tal vez vos también estabas saltando de felicidad y yo no lo notaba. O a veces lo veía en tus ojos, pero vos me dejabas solo. Y acá va la verdad.

"Tengo la vida
transformada
transformada
y lo que diga
no me alcanza,
no me alcanza".

Sí, en esos momentos. Y cuando fuimos a Chile y viví en estado eterno divino, tenía tan transformada la vida, que nada de lo que pudiera decir me alcanzaba. En mi vida terrenal, llegó un punto que ya no sabía expresar esa conexión con el todo, ese entender mi psiquis desde el macrocosmos y el microcosmos a la vez. Hoy puedo decir, lo desconectado, lo imposible de comunicar, se han convertido en percepciones de auras, futuros, ver la muerte cerca o lejos, adivinar qué harán, verte y saber qué te está pasando, comprenderte y sentirte, vislumbrar tu interior, miles de percepciones innumerables que me sirven para guiar, educar, canalizar.

"No quiero aparentar,
no pienses mal.
Así es como me siento hoy.
Que no se apague más este calor,
que no se apague por favor".

¡Jamás bajar! No estoy aparentando, no te confundas. Me siento así, así como te estoy diciendo. Y cuando bajo, tampoco aparento, es cómo me siento. No puedo describírtelo, solo puedo decirte lo que percibo. Bueno, ya está Lucera, acá la canción solo repite la letra una y otra vez. Se entendió el quid de la cuestión.

A veces

Cuando me percato que estoy solo.
La luna está llena y el cielo despejado.
Estoy en el patio.
Y empiezo a creer, en ciertos sortilegios.
O en cosas más allá de mi entendimiento.
O de mis sentidos.
Y la gata viene a mí.
Le hago siempre la misma pregunta.
¿Cuánto sabés y cuánto no sabés?

Por qué me expreso desde este costado del ser

Ignorante adoctrinado por modas e ismos, ¿quiere saber por qué hablo cosas místicas, esotéricas, metafísicas, espirituales, cósmicas? ¿Sabés por qué me centro en cómo lo macrocósmico y microcósmico define nuestra naturaleza?

Porque es el único lenguaje que tiene sentido. Los lenguajes políticos, de "lucha" social, de ismos, están erróneos. ¿Querés saber por qué solo te hablo en lo espiritual? Porque con usted no se puede hablar con sus pensamientos implementados por gente más arriba que usted. Así que hablo el lenguaje de lo que he sentido, y lo que percibo.

Solo tiene sentido hablar desde la naturaleza. Hablar desde los ismos, es estar adoctrinado. Prefiero explicarte cómo lo macrocósmico afecta a tu naturaleza, por más que lo niegues, que ponerme a discutir tu defensa a los de izquierda, o tu no entender lo que es ser liberal.

Es más fácil hablarte de lo que percibo, que creas que estoy elevado (cosa real y a la vez lo dudo) y que de algún modo te implemente dudas para que encuentres tu camino. Algunos jamás tienen ningún despertar. Si me preguntan por qué hay seres más evolucionados que otros, te creo en vivir muchas veces, te creo en que los extraterrestres están acá.

Ahora, alguien dijo, si Dios no existe, hay que actuar como si existiese. ¿Los extraterrestres tienen nuestros mismos dioses?

Algún día le hablarán a la humanidad, nos romperán la cabeza en mil pedazos, nos quitarán todos los falsos dioses, nos cambiarán la percepción de nuestra consciencia, y será la verdadera revolución que importa.

Los seres evolucionados que conozco, no es casualidad que lo sean.

Mientras, en esta batalla cultural, tenemos mucho que luchar.

Por eso los invito a mi blog Comedia Digital, todo lo que se puede pensar, criticar y percibir, está ahí. Sean de izquierda podrida, de derecha podrida, como izquierda utópica, y derecha libertaria. Todos deben expresarse, y cada cual sabrá a qué a tenerse, en qué creer, o, mejor, tener su actitud crítica y pensante.

Eso es lo necesario en el espíritu: no una política, una forma de concebir de modo crítico y pensante, y lo político estará solucionado, lean a Artaud, luego escuchen a Spinetta, y por último: rezo por vos. Ya se acabó el juicio de aquel que llaman Yahvé, el juicio está ahora en nuestras manos.

Para terminar con el juicio de Dios

Me he tomado la libertad de subrayar un libro mío de Artaud, para ver en qué estoy de acuerdo con él, qué me hace ruido, y qué puedo progresar, si es que ya no lo han hecho.

Pero lo haré, claro, desde el espíritu. No podría ser de otra forma. Pronto acumularé más libros de Artaud, puesto me interesa analizar toda su obra, o como él dijo, todo su espíritu. En mi ensayo El puerto del mañana, solo analizo del 2005 en adelante, así que acá me permito "espiritualizar" lo "viejo".

Dice lo siguiente:

"Dios ¿es un ser?
si lo es, es la mierda,
si no lo es
no existe".

Para mí no cabe duda alguna de que Dios es la mierda. Porque él es viento, y se hace carne en nosotros, y se defeca. Ya lo he dicho en otro lado, la energía no es más que mierda eléctrica, y dado que Dios es una gran energía, no es otra cosa que una gran energía mierda.

Sigamos. Pero yo no me cago en la mierda, solo no quiero que me joda.

Ah, yo llamé a dios, Ayo, gran ser de viento.

Ah, debo hacer ciertas averiguaciones para poder terminar este libro "mío" algún día.

No sería extraño que dios fuese barro si somos nacidos del barro.

El universo era barro, de hojas deshechas, que colapsaron.

Algo así, no me permito explicarlo.

Mi relación con dios es como la de Habacuc.

"¿Y qué es el infinito?

No lo sabemos con precisión

Es una palabra
de la que nos servimos
para indicar
la apertura
de nuestra conciencia
a la posibilidad
desmesurada
inagotable y desmesurada".

Sí, ¿el infinito existe en el cosmos o solo en nuestra mente?

En nuestras mentes. Si nuestro espíritu, si nuestra imaginación, puede llegar hasta los no-límites debe ser porque el Universo no tiene límites. ¿Nuestra consciencia no es una creación del universo? Yo creería que sí, incluso aunque la consciencia pertenezca solo al humano, que lo dudo, no deja de ser una creación del cosmos, pues es el cosmos quien nos permite existir. Con el sol, con la Tierra, pero en definitiva por todo lo que lo compone. Su existencia misma, en todo aspecto, permite la nuestra. Y si pensamos en un dios, cabe esperar que él es ilimitado. Ese ser supremo que a veces percibimos, se nos torna infinito. Yo, que mi consciencia ha avasallado cualquier límite, rompiéndolo todo y yendo lo más lejos posible, viviendo la infinitud en pleno estado consciente, y extrasensorial, y sensorial, puedo afirmar que existe, y que el Universo es infinito, al igual que nuestra consciencia.

"que la conciencia
está ligada en
nosotros
al deseo sexual
y al hambre;

pero podría
muy bien
no estar ligada
a ellos".

Claro que muy bien podría no estar ligada a ello. ¿Yo acaso no acometo el sexo desde los 23 años para satisfacer el deseo de los demás? ¿No ayuné acaso alimentándome solamente de las energías cósmicas? La consciencia bien dirigida y controlada, puede suplir el hambre y el ansia de sexo por otras pulsiones o ninguna. El poder de la mente lo tenemos nosotros, podemos bloquear lo que queramos. La mente gobierna el cuerpo, la respiración gobierna la mente. Dios está en el aire, por eso gobierna la mente. Por eso aprender a respirar en el tai-chi es tan importante. Yo, que he vivido tantos estados del ser, puedo asegurar que la consciencia puede deshacerse de estar ligada al deseo sexual y al hambre. Uno puede sublimarse.

"y en ese momento
hice estallar todo
porque a mi cuerpo
nadie lo manosea".

Me parece bien que se haya tirado un pedo haciendo estallar su todo, para que no lo toquen.

"¿Saben ustedes con qué hacen sus átomos los rusos y los americanos? Los hacen con los microbios de dios".

Los microbios de dios son los genes utilizados para las armas de destrucción masiva. Al destruir un átomo creamos una explosión gigantesca. Es que dios se manifiesta en átomos en cada partícula.

"Reunirse con un ser en espíritu
es alejarse aún más de alcanzarlo en cuerpo
algún día".

Al acercarnos demasiado en espíritu a otro ser, el cuerpo será olvidado. La conexión será tal, que el cuerpo solo será un medio de, no salvar una distancia, sino ponerla, poner un muro. Los espíritus más elevados no hacían lo carnal, porque con la empatía absoluta ya alcanzaban a otro ser en su máximo esplendor. Se puede uno acercar más en espíritu a otro ser que en carne.

"¿Aún quieren sexo?
¿no quieren más sexo?
todo es sexo".

El funcionamiento de la energía no es más que sexo. Los átomos copulan entre ellos para crear esos movimientos vibratorios de unión y desconexión, es decir, hacer el amor. Como todo es energía y divino, toda materia no es más que un orgasmo energético. Conectar en espíritu es tener sexo energético.

"una larga protesta
contra el erotismo congénito de las cosas contra
el cual todo el mundo en su subconsciente quiere reaccionar".

Todos, pues todos conocen la paranoia, quieren evitar esa gran locura del erotismo sin final que parece atravesarnos todo el tiempo haciendo que no nos elevemos a planos superiores por la dependencia de lo carnal.

"EL DEBER del escritor, del poeta no es ir a encerrarse cobardemente en un texto, un libro, una revista de los que ya no saldrá nunca más sino

al contrario salir afuera para sacudir para atacar el espíritu público. Si no, ¿para qué sirve? y ¿para qué nació?"

¿Para qué sirve? ¿Para qué nació? Entrevistas, conferencias, estadios, eso deberá ocupar el escritor genio y verdadero y crear cultura. No solo con lo que escriben, sino exponiéndose. El escritor es a la vez y a la vez no, un filósofo. Hablamos de los escritores que valen la pena, esos escasos que valen la pena deben salir al mundo para atacar el espíritu público y transformarlo y reducirlo a cenizas y evolucionar a la humanidad. Es la tarea de cualquier maestro ascendido.

"Pero la conciencia general
no comprenderá nunca
por qué un cuerpo macerado y pisoteado
triturado y compilado
por el sufrimiento y los dolores de la crucifixión
[...] será superior a un espíritu
que se entrega a todos los fantasmas de la vida interior".

Lo que quiere decir, creo yo, es que un espíritu como Cristo, que por salvarnos a todos del Juicio de Dios, sufrió dolores y penurias carnales, es más noble y digno de exaltación que un espíritu que sufre por fantasmas del interior que no hacen ningún daño más que la locura propia del subconsciente demasiado desatado y equivocado y extraviado por las sombras.

"de vida madre
es la víbora padre
de mis huevos".

Para Artaud el semen es un veneno. Porque trae la triste noticia de la potencia de un ser que vendrá al mundo a ser feliz y, sobre todo, a sufrir. Pero puede aprender a vivir en el dolor, ojalá también en la dicha.

"del padre-madre al sexo hijo
para vaciar todo el cuerpo
por completo de su materia
y poner en su lugar, ¿a quién?
al que creó el ser y la nada,
como se hace pipí".

Despojarse de papi y mami, ser sexo hijo, vaciar el cuerpo, y dejar entrar al espíritu. ¿El santo? Puede ser.

"Moraleja
No te fatigues nunca más de lo necesario
aunque tengas que fundar una cultura
sobre el cansancio
de tus huesos".

Los huesos son los rayos solares. Es lo que permanece para recuperar su existencia algún día. O dará alimento. Pobre aquel que sobre el cansancio de su eterna caminata tenga que fundar una cultura. Por cierto, a mí sí que me duelen los huesos ante mis escritos.

"Donde uno estaba afuera,
muy pelotudo
al sentir al cielo en su boludez,
sin nada para afrontar
el vacío,
ni fondo, ni vertical,
ni rostro,
y desde lo alto,
donde todo nos devuelve al fondo
cuando uno está rígido en toda su extensión".

En la muerte o en el sueño, que es muerte, o algo así, pero en definitiva, en esa muerte, todo es la pelotudez de renacer. Es un fondo de nada lleno de todo.

"por aplastamiento de huesos, de miembros y de sílabas, se rehacen los cuerpos, y se presenta físicamente y al natural el acto mítico de hacer un cuerpo".

Qué forma tan perturbadora, mágica, hermosa, y despojada de erotismo, de la forma en que se procrea.

"Pues el cuerpo humano se ha tornado sucio y malo porque vivimos en un mundo sucio y malo que no quiere que el cuerpo humano sea cambiado, y que ha sabido disponer en todas partes, en todos los sitios que es necesario, su oculta y tenebrosa turbamulta para impedir cambiarlo".

¿Es la evolución del ser humano dejar de comer y cagar? ¿Dejar de ser dios?

¿Más que dios?

"El cuerpo tiene una respiración y un grito por los cuales puede asirse en los bajos fondos descompuestos del organismo y transportarse visiblemente hasta esos altos planos deslumbrantes donde el cuerpo superior lo espera.

Es una operación en donde las profundidades del grito orgánico y del aliento lanzados entran todos los estados de sangre y de humores posibles, todo el combate de púas y esquirlas del cuerpo visible con los falsos monstruos del psiquismo, de la espiritualidad, y de la sensibilidad".

Sin dudas desde el fondo emergemos a lo más alto. Pero no te quedes con los como él dice, falsos monstruos del psiquismo, no es necesario, tampoco los de la espiritualidad, no mirés siempre tu interior, y sobre todo la estupidez de la sensibilidad, que tanto miedo estúpido crea.

"de dios y sus esbirros: las enfermedades, la noche".

Lo diabólico.

Me hubiera gustado charlar con Artaud.

"cuando es la virgen quien hace caca".

Mamá virgen también caga, incluso en el paraíso. Así nunca dejaremos de cagar.

"Pues los hijos de la puesta en escena originaria,

no están en el sonido, sino en la concha, que no es el granero original de un principio sino una aterradora masticación.

No en el tono sino en la concha, codo extremo de esta ola de fondo que avanza con su horrible dentadura de seres, hecha para devorar a todos los seres, pero que nunca sabe dónde están".

Terrible descripción de lo que hace la concha de la mujer. Devora, mastica, chupa, succiona. ¿Sabe dónde están los seres? ¿Es la vagina un agujero negro?

"Operación de la cual cayó el hombre el día en que aceptó realizar el coito".

¿Perdimos el edén por tener el conocimiento de procrear?

No les quepa duda: Artaud detestaba la reproducción, la natalidad, y todo lo carnal. Artaud quería ser ángel. Quizá lo fuera.

"Habrá que comer una vez la tierra".

Y la frase final que elegí agarrar de su texto. Sí, tal vez sea verdad: tal vez debamos comernos a aquella que nos alberga y que está viva. Si comemos a madre tierra, habremos comido la concha, habremos comido lo que devora, habremos comido el ciclo. Seremos superiores. El único problema es que sin una tierra cualquiera sea del cosmos, no podemos existir. Quizá al morir le damos un mordisco a la Tierra, y nos creamos el cuerpo supremo que vaga por el cosmos como energía fornicando con ella misma…eterna.

Sobre el acto espontáneo que es la videncia

Considero innobles a muchos poetas. Escribir versos debería implicar, pasado un tiempo, explicarlos. ¿Qué es eso del mito del poeta? Ese supuesto inspirado por musas o mierda, que enaltece el lenguaje dándole miles de significaciones. Hacer de un significante miles de significados posibles a propósito es una aberración. El Espíritu debe entender, no conjeturar. En los versos más oscuros, ideados para que no sean entendidos según la intención, se puede vislumbrar alguna luz, pero una luz subjetiva. Spinetta siempre se expresó poéticamente, pero si sos un ser con cierto grado de evolución, comprenderás todos sus por qué. Spinetta no se ocultaba en los versos, Spinetta se mostraba en sus versos y no se escondía nada. Hay otros que sí. Ser poeta significa no mentir. Hay poetas que decían la verdad, pero de un modo tan oscuro que yo me pregunto, sin ejecutarlos del todo, ¿no se dieron cuenta que las verdades individuales que se desprenden de ellos hacen que su verdad no exista quizá jamás? No entiendo su oficio si es que es llamarlo poeta, de esas personas. Pero para no matar tantos poetas con mi forma de ver las cosas, diré que tal vez no entendieron lo que significa ser poeta, en su más profundo oficio, o quizá dijeron sus verdades del único modo que pudieron. Así dejo vivos a todos los poetas habidos y por haber; pero encuentro que oscurecer, no es la meta de la Humanidad.

Por eso paso a explicar mis versos, pues temo que algunos sean oscuros o mal interpretados. Yo, como poeta, no pretendo solo que el consumidor (esto es todo negocio) tenga una y mil ideas sobre qué quise decir, no suelo dejar cosas al azar. Pero uso metáforas, y pretendo ser entendido. Pero como no todos los espíritus son iguales, pasaré a explicar mis versos. He de decir, ante tan fatigosa tarea, que todo son hojas, del viento, existen dos dioses: el eterno, el verbo absoluto, y la luz, hija del caos, que explotó, otro tipo de hoja, una directa, que no puede ser zarandeada, pero tiene las leyes de la gravedad moviendo sus estructuras, las hojas son los órganos, las hojas solares son las hijas rayos que nos dan vida en todos los planetas habitados y las que nos hacen vibrar, desde todas las estrellas, para que las razas se mezclen y conforman los huesos. Dicho esto, solo esclareceré ciertos poemas, pues primero debo publicar mi poemario. Pero debo decir que acabo de descubrir una verdad releyendo mis poemas, y los voy a explicar desde otro lado que la mera interpretación, para llegar a una síntesis, detrás de cada conclusión que se saque de ellas, puesto que, como digo, he descubierto algo que le da mucho sentido a ciertas cosas inherentes al humano. Algo quizá más importante para muchos que todo lo que he dicho en estos textos, bueno, qué sé yo. Ni puta idea.

Empecemos con:

El nacer de la mariposa: Alejarse para crearse sin la sombra de ningún querido. Tensar las cuerdas de los nervios universales es escribir algo tan subterráneo de lo cósmico, que cualquiera que lo lea se le tensarán sus cables universales y supremos que lo conectan al todo, que puede despertarlos o, al menos, les sonará a revelación de algo, ¿de qué? no sé.

Lamento de los muertos: el rayo blanco que te cae es el despertar a la libertad, no aceptarlo es estar muerto en vida.

El cuervo de metal y la cara del universo: Un poco de vanidad. Sin duda es hora de pensar que el metal vive. Que el metal son hojas minerales, que sufren al ser manipuladas, y son otra forma de vida. Es un cuarto tipo de vida. Puesto que la tierra y las rocas, son otro tipo de vida, lo rocoso a veces no carece de convivir con lo metálico. En síntesis, ser un cuervo de metal como lo soy, es ser un volador inteligente duro y resistente, que se alimenta de lo que puede, todo para acrecentar hojas, buscando recibir la cara del Universo y en última instancia, el olor de alguien que cocina antes de morir.

Somos el viento enfermo de luz: Después de la guillotina, lo metálico que percibe el ojo como puntitos que aparecen y desaparecen, es lo mismo que lo que fue mi amor con alguien.

Somos parte de dios, el viento, enfermo de luz: si hubiera la salud de la no luminosidad, estaríamos ya en ese más allá.

Perfección: Siniestros clavos de plata van abandonando a la gente despierta sin que yo me percate, puesto que la Tierra y sus distancias se me antojan jupiterianas, al menos a pie, y se liberan de la crucifixión, así nacerá la perfección.

Este gran no: Solo decir, que alguna vez me creí el primer hijo del sol.

Los árboles nos están soñando: ¿Y si los árboles nos sueñan? ¿Si el alimento somos nosotros para ellos y no ellos para nosotros?

El juego del querubín: Hay que derrotar el mundo dionisíaco. No podemos vivir atados al sexo. Aquellos que aun dependen de lo carnal, no han aprendido nada. Quien me afirme, que tener sexo, es mejor que un florecer espiritual, no ha despertado. Así de simple.

Lucha: Como bien dice: acá estamos en la tierra y es el cielo. Para algunos ya sucede, para otros sucederá, en alguna vida.

Hermano: Mi soledad te alcanza como una tormenta, sin duda, Brunito, y la tormenta en mi corazón llora y abraza el mundo. Solo en que algún día no nos tendremos, me da esa soledad gigantesca de la pérdida del hermano, que espero sea yo, y cuando yo no esté, al menos la tormenta del amor álmico que siento por vos abrazará al mundo. Quedará inmortalizado mi llanto del amor por vos. Lloro porque naciste. Y bueno, tu camino no es el mío. Pero puedo regalarte todas mis flores. Te brindaré toda mi alma, porque te la ganaste con ese buen corazón. Tú sacarás lo que sea necesario para tu vida y tu buen fluir.

El puñal de hueso: Sin dudas, podremos nacer y morir, pero el alma permanece.

Un viejo: Sin dudas soy un viejo, hace muchísimo tiempo.

Como el niño: Sin duda una declaración de la libertad desaferrada de la carne.

De mis pecados: Solo existe el más acá, ¿o existe el más allá? A veces creo que el más acá es la muerte, no acá, sino el verdadero vislumbre, que el pasaje a una nueva vida está más acá, y no tan lejos en las inmensidades del cosmos o del cielo. Tengo que averiguar sobre mis vidas pasadas, porque sí que estoy pagando en esta vida mi samsara. ¿Qué habré hecho? Además, el sol me habla directo, sí, él me bendice y me castiga.

Libro de la bicicleta: Para hacerla fácil: la canoa anda naufragando.

Madure: No todos verán, si tienen puesto un vendaje político y cultural. Y por sobre todas las cosas: rencor.

Así es el cuadro: Mi dios tiene que aceptar cómo yo hago las cosas. Total, las heridas abiertas por los vidrios filosos que manejo, solo me quejé un poco en estos textos. No importa, seguiré cargando mi mochila llena de ventanales partidos, pesada y cortante.

Alegráte: Jugando con la cantidad de palabras por estrofa sale, para mí, un perfecto resumen de que, ante todo, también somos hijos del sol.

El Universo y mis pasos: Todo es artificio en el humano. Todo es mentira. Solo el acto sin concepto es la verdad. Esa es la gran verdad universal: el universo no necesita explicarse, en su propio ser y existencia, se explica solo, sin necesidad de que nosotros inventemos leyes que nos lo haga accesible a nuestra psiquis. Y él y solo él, en su nivel más gigantesco e inabarcable, y en su más reducido aspecto, conforma nuestra naturaleza humana. Quien lo niegue, quien no lo entienda, le falta algún que otro interiorizar la naturaleza del cosmos y por ende también de la Tierra, en su propia naturaleza humana. Es simple, lo que percibimos nos moldea la mente, lo queramos o no.

Felicidad de la libertad: Respetar la libertad de otro. Hacerse un metal al sol sin dudas es mi meta. Ser su más férreo soldado y soportador. Los azules son felices, son el océano y el cielo, obvio que producen una gran nostalgia, pero quien perciba algún rayo azul, alcanzó su trascendencia más allá de la soledad. Sueña con otras almas y está en compañía. Una vez que el humano deje que la vida sea como debe ser, madre todo aparecerá para guiarnos. La virgen aún no ha hablado.

En honor a Lafourcade: No me cabe duda, enamorarse de un poeta es eterno.

Reflexiones finales: si bien no he desoscurecido todos mis

poemas, puesto que en la fecha que escribo están en valoración, sí he dicho ciertas cosas. Pero aquí viene lo interesante, muchas de mis frases y las cosas que parecen sabiduría de vida tal vez para algunas personas, puede llegar a pasar esa causalidad, ¿quién sabe?; las he escrito de modo espontáneo, sé que ya he analizado a Artaud, pero lo citaré otra vez. Él dijo: "El más pequeño acto de creación espontánea constituye un mundo más complejo y más revelador que cualquier sistema metafísico". ¡Benditos sean los sistemas! ¡Los muros de nuestra mente enjaulada también en cuatro paredes por miedo a la muerte y la libertad! Necesitamos crear un sistema de pensamiento que aquello que nace como revelación sea entendido, luego hay que destruir el sistema y quedarse con la esencia de eso conectado que estaba desconectado. Así que a lo que voy es que: escribir versos espontáneos te convierte en vidente de tu futuro. Nunca sabrás el peso que tendrá una frase espontánea en tu devenir. Resulta que pasado un tiempo vivirás algo que recitaste en tu mente, ¿pasa por una cuestión de haberlo plasmado al papel? ¿O es la sabiduría intrínseca de la vejez del alma? Dicen que las virtudes adquiridas no son virtudes. Solo hoy entiendo esto: toda virtud, todo defecto, todo verso que puedas crear, todo acto natural; está previamente creado en nuestro ser como potencia de nacer. Que un verso inocente resulte sabiduría de vida, que un verso inocente se te cruce en el camino como algo empírico y palpable, es porque soterrado dentro nuestro están todos los secretos de nuestro destino. Y cuanto más se conoce uno, más se da cuenta que ya estabas signado de nacimiento a ser quien sos, y a ser quien serás. Es así de simple: la semilla lleva milenios en el cosmos.

¿Por qué creo que nuestra conciencia tiene la capacidad de recordar?

La mente puede recordar porque la energía se transforma en el espacio-tiempo de nuestro cerebro alojado en lo más recóndito de algún sector. Sucede que las estrellas que vemos, estamos viendo el pasado. Su luz es del pasado, es una luz que llega a través de atravesar la cuarta dimensión: el tiempo. Esa luz tiene la capacidad de perdurar y ser al mismo tiempo presente y pasado, los recuerdos son iguales, son presente y pasado, energía que aparece en nuestra mente, dándonos recuerdos luz, pasado, activando energías al recordar en nuestra mente, haciéndolo presente.

El tiempo es una dimensión en la cual nosotros viajamos. Así que creo que activar energía para traer al presente esa extinta energía del pasado, es viajar en el tiempo. Nosotros somos la máquina del tiempo. Al mirar el cielo, y ser conscientes que lo que vemos es pasado, una luz del pasado, y al recordar, somos los viajeros; aunque no los únicos.

¿Viajar al futuro? Eso ya es la clarividencia. ¿Posible? Sí, si proyectamos nuestro ser hacia adelante energéticamente, y tratamos de vislumbrar, elevándonos, o ensoñando, llevamos nuestra luz a lo que sucederá. Nadie dice que sea una cosa fácil viajar al futuro, pero no dudo de que es posible. Cada vez tengo más premoniciones. ¿Será que las estrellas saben que serán futuro desde su pasado? Desde nuestro pasado podemos saber lo que seremos a futuro, sea de modo inconsciente, premoniciones, o proyectando. Pero, a lo que voy, es que lo que somos hoy, sabemos que será nuestro futuro. Porque podemos hacer planes, a corto o largo plazo. Porque podemos ser espontáneos y descubrir sin querer nuestro destino. Porque, en definitiva, de un modo u otro, nuestro pasado es nuestro futuro, y a la inversa. Todo son espirales. Conocéte, y te conocerás. Podemos viajar, el tema es que cada cual descubra cómo, podemos, porque el

Universo puede, porque el tiempo no es lineal; porque si el Universo puede, nosotros también. No requiere de más explicación. Al fin y al cabo, el tiempo es una dimensión que habitamos, no que no percibimos.

Observar

Some day, my friend, you wil discover that only you need to do is observe.

Algún día, mi amigo, comprenderás que lo único que tenés que hacer es observar.

Tomamos esta reflexión prestada de lo que hablamos en El Puerto del Mañana, con respecto a cómo los Rayos Láser se dieron cuenta de la importancia de, luego de trascenderse, queda observar. Hay varias cosas que quiero decir al respecto y que se desprenden también del hecho del observar y cómo.

Primero que nada, quiero decir que es necesario observarlo todo. Un paisaje, un interior de restó (incluso cómo es un baño, por más lleno de caca que esté), la casa de tu amigo, su baño también, ¿arma su cama o no? Observálo todo. Observá los gestos de la gente, sus movimientos, su caminar, todo. A los animales. De paso habláles. Cuando uno le dice a su gato, te quiero, pero ya no quiero hacerte mimos, el gato no entiende nada, pero después de un rato de no darle bola hará la suya, se puede decir que sí te escuchó. Ellos entienden el lenguaje del movimiento y de tus hábitos; hablándoles, de algún modo sí que te entienden, porque terminan haciendo lo que les dijiste, de un modo u otro. Así que sí, hay que hablarles a nuestros compañeros y te darás cuenta que no es en vano.

Observá un eructo, una puesta de sol, dos viejas hablando, cómo te miran, cómo mirás. Observá todo lo que sea posible del exterior, que no se te escape nada. También tu interior. Luego, ¿qué sucede con esto?

Fluirás, aprenderás. Rituales, trastornos obsesivos compulsivos, personalidades, actitudes, sabrás con solo ver, también dudá de todo, nunca te creas nada por entero, se siempre un escéptico, ante los demás creéte inferior y aprendé y observá lo que aprendés. Observá para saber qué es real y qué es fantasía. Observá tus sueños, o ensueños. Cuanto más hagas este ejercicio de dudar de todo, de aprender de todo, de estar en todo, más percibirás, y cuanto más percibas, cuanto más sepas de antemano, mejor estarás preparado para tu nueva vida, para tus despertares, para tu manejarte en sociedad, para ser mejor persona, para seguir avanzando hacia tu norte, aunque muchos de nosotros seamos del sur, y también porque más se acrecentará tu ser e interior.

Llega ese momento en la vida: no actuar, observar, y moverse solo como es adecuado. Fluir, hacé lo que hay que hacer, ni más ni menos, solo lo necesario y preciso. Luchá sin luchar. Ya lo he dicho: con ser auténtico y ser uno mismo, tu revolución está hecha. Auténtico, es decir, no adoctrinado. Portando todas las banderas y ninguna. Ese es el camino del ser. Mucho más podría decir del camino del ser, pero no ahora.

Observá, y punto. Dudá todo y creé en todo. Y encontrarás tantas verdades, que te abrumarán, y acrecentarán esa necesaria soledad y le pondrá más rocas, o vidrios filosos, a tu mochila, según lo que en vida te haya tocado cargar. Incluso puede que tu mochila sea de las que está llena de mariposas, y que cuando descansás ante otro ser y la abrís, ellas vuelan y rodean todo lo existente, llenan de colores la vida y luego volvés a meterlas adentro. Hay seres de aura muy blanca. Si detectás a alguien de aura muy blanca, observá el triple. Y punto. Quizá algún día halles la paz total. La paz total nunca se pierde.

Seguí observando y encontrá la paz total. Obvio, el gran ser te podrá joder de vez en cuando, pero no te cagues en él, solo decíle que no te ponga una tormenta muy larga. Pero ¿qué querés que te diga? Así es la vida, my friend.

Sobre lo defectuoso de Dios

¿Por qué esperan que Dios sea perfecto?

No lo es.

No existiría el caos. No sería necesario el desorden para el orden, si Dios fuese perfecto.

Por eso nosotros somos imperfectos. No supo cómo crear nuestras conciencias. Pero a veces nos baja mensajes a ciertos seres que los quieren escuchar, para que logremos esa perfección en la Tierra. Él grita desde el viento, ha crecido como padre.

Después creó los ángeles perfectos por ser totalmente luz, pero hubo uno que vio los espacios vacíos del cosmos negro, los antepasados Nada que crearon al padre vacío Dios. Y él se preguntó por estas zonas oscuras, no por lo que brillaba. Quería conocer esas sombras, su pasado, el pasado de Dios, se convirtió en demonio al alejarse de Dios, y al ser el ser más inteligente y poderoso de todos, fue el primer demonio, muchos quisieron conocer lo que él. Muchos seres humanos son iguales, esa es la verdadera brecha, esa es la verdadera grieta.

Sucede que lo diabólico no deja de ser angelical, y el pasado de Dios, que es la oscuridad absoluta, no es ni buena ni mala, es la nada misma, es toda posibilidad; y si existe el mal es porque existe el bien. La oscuridad no es más que una trampa de todo pasado, sacar luz de ahí es sencillo si sos un ser del bien. La soledad es esa oscuridad que todos tenemos. Algunos de la oscuridad sacan más oscuridad, porque están perdidos. Ningún gato puede ver nada en la negrura si no hay un hilillo de luz. La oscuridad es a la vez una trampa, como una potencia de libertad. Vivir en lo oscuro no sirve. Miren a Pizarnik, se hundió en esa ceguera. Miren a Cortázar, qué distinto era. Pero lo diabólico nació angelical, así que incluso las prácticas más ocultistas y de mala energía como le llaman, toda brujería, tiene su devenir en el bien. En realidad, todo es buenas o malas energías, pero al resultar ser energías, siempre generarán luz, incluso las que menos enceguecen, terminarán encegueciendo aún más.

Dios fue creado de la oscuridad, y se creó la explosión de realidad y existencia. No sabía qué hacer con eso, a lo largo del tiempo fue aprendiendo a ser un buen padre. Se le descarrilaron tanto los hijos humanos, como los hijos celestiales, pero porque ese es el camino.

No descarrilarse, sino la propia naturaleza del mal haciéndose el bien. El mal jamás vencerá. Por la misma razón de que el caos tiende hacia el orden. Y, ahí, la creación de Dios es perfecta.

Algún día venceremos toda oscuridad. No quedará más que luz. Tal vez por la futura gran explosión.

¿Y por qué existe la locura?

Porque Dios se volvió medio loco al ser hijo de nada y ser vacío y crear existencia. Todo lo creó él, y dijo, ¡wow, miren todo lo que he hecho! Y le agarraron delirios de grandeza, lo mismo que miedo, y paranoia, no puede escapar de sí mismo. Por eso dije al principio existe la paranoia porque existe un ser supremo. Nosotros, creaciones, tampoco podemos escapar de nosotros mismos. Cuanto más nos adentramos en nosotros, encontramos la semilla de Dios, el átomo divino que nos legó, y vemos el TODO. Y al ver el TODO, podemos o volvernos locos, o sentir un gran nirvana o despertar mil veces y mil veces más. Ambas cosas son un poco lo mismo.

Yo lo sé de primera mano.

Sobre lo que suelen llamar locura

Si hablamos de esquizofrenia no hablamos de locura, hablamos de un subconsciente descontrolado que se manifiesta en la realidad como visiones y sonidos.

Si hablamos de bipolaridad no hablamos de locura, hablamos de un hemisferio izquierdo que funciona con crear más de una personalidad.

Si hablamos de psicosis y delirios religiosos, hablamos de hallar en el subconsciente una conexión de todo lo existente. Semejanzas de razas y dioses creados por el espíritu es entender lo más soterrado del humano, no delirar. Es ser demasiado divino porque estamos viendo las semejanzas de todas las razas intergalácticas y terrenales, que es lo que me pasó a mí.

Si hablamos de elevación hablamos de alma.

La verdadera locura es mandar a millones a morir y millones a matar y dormir sin pastillas, la mente tranquila, sin ningún remordimiento.

Magia

El esoterismo en la época del barroco fue eliminada de los saberes, de la ciencia.

Todo lo que hoy es alternativo o esotérico, fue decidido hace varios siglos, por miedo a sus verdades que destruían a los estados y las iglesias.

No existe magia blanca o negra, solo magia.

Pero la negra es hacer magia sin consentimiento de la otra alma, blanca si es con consentimiento de la otra alma. Cualquier esoterismo puede ser magia blanca siempre que se aplique lo dicho.

Sobre la muerte

Cabe pensar que la muerte es un estado donde el futuro no llega. Aquellos que no creen en la inmortalidad del alma, dirían que la muerte es un estado absoluto de la nada misma. Pero como dijeron por ahí, si la nada existe, es porque hay algo. ¿Cómo la energía se difuminaría en la nada? ¿Por qué la energía tendería a desaparecer si siempre se transforma? Entonces aquí otros aducen que nuestro ser o alma (incluso algunos dudan de que exista el alma y acá ya no cabe más que pensar que solo somos un cuerpo con psiquis, un pedazo de carne pensante) se convierte en alimento sin conciencia de todo lo circundante.

Para aquellos que creen que el alma es inmortal, hay muchas ideas. Si creyéramos en la reencarnación, sabemos que nuestra alma va de vida en vida hasta que su samsara (lo que debés hacer en la Tierra) termina y al fin es libre de vagar por el cosmos, o estar con los dioses, o con dios. Estas tres posibilidades pueden barajarse. Ahora ¿qué es la muerte? Podemos decir entonces que es un pasaje a otro estado de cosas. Un despertar a una nueva vida, en este u otro planeta, o una liberación del alma al cosmos donde tiene la capacidad de recorrerlo todo y, quizá, y, por ende, saberlo todo. Incluso el alma de una madre podría quedarse mirando como su hija hace su camino. Ir hacia un dios o el dios sería aburrido, salvo que nos tenga algo preparado.

También se plantea que dormir es morir, así que quizá un estado de sueños donde vemos el inconsciente colectivo, el futuro y el devenir, podría ser el futuro del alma tras la muerte: un estado onírico pero que puede saberlo y verlo todo, de un modo mágico, caótico, y a la vez ordenado.

He aquí que yo digo haber visto al ser supremo como una gran bola azul de energía eléctrica, que no explota, que no chupa, que no expele, ningún tipo de energía. Es una bola energética eterna, es como una llama que nunca se apaga. Por ende, tiene ese aire a agujero negro que succiona energía para ser, y a la vez no. También que nada le roba al todo pero que al todo lo ha creado. También que es energía, pero jamás explotará por ende existe la eternidad del Universo. Que es la antimateria por ser el vacío y que a la vez es toda materia pues ha creado el cosmos. Esto es al menos lo que yo he percibido al estar frente a quien yo llamo dios. Y sentí mucho amor, siendo un ángel. Como dije al principio de este libro, todo es posible y a la vez nada posible.

¿Y qué tiene que ver acá la muerte?

No sé si ya lo dije, pero una mujer muy sabia me dijo un día: el cuerpo está dentro del alma. Entiendan, no es al revés. Por ende, el cuerpo, cuando muere, y sí que el cuerpo muere (¿se hace putrefacto sí o no?) deja de emitir ese calor que la energía fluyendo en su ser, transformándose, a través de la nutrición y gracias a la circulación de la sangre, se hace frío. Es algo totalmente lógico: el cuerpo muere, la energía ya no fluye, la sangre tampoco, el cuerpo se hace frío, luego se descompone, y cumple el ciclo natural de la madre Tierra que es: te alimentarás, para luego alimentar. Hasta ahí vamos bien.

Hemos dicho que el cuerpo está dentro del alma. El alma crea al cuerpo. Una vez que el cuerpo muere, el alma se libera de la jaula que usó para existir en este plano. El alma, que es energía, sigue viva. Lo único que permanece intacto y casi sin transformarse salvo que pasen miles de años, son los huesos. Y esto porque los huesos son los que recobrarán el cuerpo o, tras la segunda venida de Jesús, o, pienso yo, para convertirse en más petróleo, o, pienso yo, para simplemente dejar que algo de nuestra alma aún esté ligada al planeta. No voy a decir con cuál de las tres opciones me quedo y elijo.

Volvamos al alma liberada del cuerpo, puede que reencarne, o puede que more en el cosmos, eso no importa. Lo que importa es: si el alma no muere, si el cuerpo se transforma en otra cosa, ¿qué es la muerte? ¿Un estado? ¿Un puente? ¿Un sueño? ¿Un suceso?

Para mí es lo siguiente según mis ensueños: la muerte es un sueño despierto de todo pasado.

Habiendo visto lo que vi en una ensoñación que estoy seguro

fue una revelación: la muerte es algo negro que circula por todas partes, tratando de conseguir todo pasado.

Eso es para mí la muerte: el pasado. La muerte vendría a ser algo así como un gran e inmenso e infinito archivador. Es un lugar donde antes estaba la nada, que se fue llenando de algo a medida pasó el tiempo. Ni bien existió el tiempo existió la muerte. Ni bien existió el tiempo presente, al siguiente instante se creó la primera muerte del instante archivada en algún lugar del cosmos o de un plano donde la muerte como ente o gran cosa, reside. La nada se convirtió en algo.

En síntesis: la muerte es cada rostro infantil perdido por el rostro adulto, la muerte es el cuerpo vivo que vivió toda una vida, la muerte es eterna e insaciable, la muerte es el recuerdo, la muerte es algo maravilloso que ha hecho que en la nada resida todo pasado.

Lo que ha hecho la muerte es que nada muera. Agradezcámosle entonces. El alma que reencarna puede ver su vida pasada gracias a los recuerdos de la muerte. El alma que vaga por el cosmos puede acceder a la muerte para revisar todos los archivos infinitos para no aburrirse jamás para ver la verdadera historia sin vencedores escribiéndola.

Lo que sí es obvio de todo esto, es que la muerte no necesariamente es totalmente todo color de rosas. Allí se ven las muertes, las violaciones, los asesinatos, las deformaciones, lo corrupto, las malas intenciones, es una especie de retrato de Dorian Gray, la muerte nos mostrará los gusanos comiéndose nuestros cuerpos. Pero también la muerte nos dejará ver miles de mariposas de diferentes colores volando en una tierra que les permitía ser libres.

La muerte no es otra cosa que la promesa de que nada morirá.

Una cosa sobre mí

Yo no soy del todo normal o estoy bien del todo en lo mental, ¿pero quién dijo que pretendo estarlo?

¿O que quiero serlo?

Los "normales" nunca consiguieron nada o mandaron personas a la guerra.

Alentando ciertas llamas que nos quedaron en las pezuñas

Hoy en día somos conscientes que hay un montón de seres perversos gozando de este sol cuando hay tanto inocente ayer y hoy masacrado o violentado impidiéndoles seguir ante su astro o disfrutarlo por heridas.

Todos los asesinados en nombre de mi dios, de mi fe, de mi libertad, son recuerdos de lucha que nunca se apagarán. Han matado en nombre de mi dios, pero nunca entendieron cuál era el verdadero dios (el verdadero dios es diferente en todos, algunos no lo poseen, a los que compartimos el creer en un dios, sea como sea que lo llamemos y percibamos, sabemos que es amor), se confundieron y mataron en nombre de un ser supremo y solo estaban siendo manipulados por su total conciencia llena de Lucifer. Una conciencia luciferiana que lo que significa es que con todo conocimiento de lo que hacían, con toda lucidez, decidieron asesinar. Porque no existe ningún loco que actúe bajo las mismas causas que de aquella mala energía que llaman diablo. Solo los más cuerdos tiranos bajo una lucha, bajo un ismo, bajo una bandera, y sobre todo, bajo una gran noción mental, espiritual de sus actos, hicieron miles y hacen miles de actos viles y corruptos, porque ser diabólico no es otra cosa que ser consciente de tus actos y actuar con maldad sin estar poseído ni nada por el estilo. Solo aquellos esquizofrénicos del poder son quienes en nombre de dios o de la libertad, cometieron asesinato contra personas erradas, valientes, débiles, evolucionadas, ingenuas, y sabias.

Pero los niños siguen naciendo y en la historia nos enseñan de los desaparecidos sin contar otras tantas aberraciones del ser humano, y rescato eso de la vieja izquierda: la revolución cultural que hoy en día debemos hacer, sin ningún lugar a dudas el poder y la llama en nuestros pies que nos movilizan, tienen ese resabio mental y espiritual de los desaparecidos. ¿Qué pretendieron asesinando en las dictaduras sino más que alimentar la rebeldía y el deseo de justicia ante la opresión en los que adquirían conciencia de todos estos actos malignos y que terminaron dándonos más razones para luchar en contra de todo aquello que está mal? Lo lamentable de los desaparecidos, de los gays asesinados en Cuba, etcétera, solo hizo más metálica nuestra férrea voluntad de algunos seres de ser pacifistas, sin olvido pero con perdón, a buscar desde la misión única de cada uno, a revolucionar el espíritu y la mente en pos de una integración de todo lo que es importante en el ser humano y que a veces se ha olvidado o dejado de lado, para que, desde una izquierda pura, y una derecha económica justa, aborrezcamos y luchamos desde cada puesto de combate, con palomas negras, ríos de teclados, voces en disqueras, y todas las artes y ciencias, por un mundo mejor con justicia, oportunidad para todos, derribar fronteras, crear una verdadera globalización equitativa, y no olvidar jamás el plan cóndor. Y hoy no caemos en los deseos y adoctrinamientos de las naciones unidas ni del socialismo putrefacto por el deseo de la tiranía y el poder, lo mismo que los imperialistas y capitalistas podridos. Ya no hay política que nos salve, está todo en la cultura. Y en esas grandes madres que paren hijos con amor creando más seres que revolucionarán todo este sistema.

Si me pedís que vuelva de donde nací, querida Europa y Gringos, no americanos, Gringos, porque no tengo tu nacionalidad, sacá la empresa que gana dinero en mi país para llevar el fruto del esfuerzo a paraísos fiscales. Y lo mismo esos vendepatrias populistas o mejor dicho clientelistas, hay que expatriar a los políticos que nos roban, no como se expatriaba al que se censuraba y se condenaba a muerte por pensar distinto. Pero somos tan pelotudos…Me encontrarán en el país de la libertad.

Sobre la oscuridad

Si hemos leído textos anteriores de este libro, podemos recordar que es una gran posibilidad que los espacios oscuros del cosmos, si es que estos existen del todo, es porque hay espacios que no les llega la luz y nos recuerdan a la nada por ende al pasado de dios, tu dios, o quizá solo mi dios, o esta posibilidad de dios que estamos barajando en estos textos. Todo es posible y a la vez nada es posible. Mi idea con la publicación de este libro, es encontrar construcción a partir de mi espíritu, y también, ¿por qué no? Una destrucción total, pero la pido al menos lúcida y con argumentos.

Haciendo esta advertencia y llamamiento a la evolución del espíritu, para luego la del ser y por último la conexión con el alma a sus verdades inherentes, digo de vuelta: la oscuridad es el pasado de dios. Pero dios ya estaba planteado en la oscuridad. Solo era necesario que las nadas negras se conociesen y creasen la energía, es decir dios, e instantáneamente sin total conciencia: el universo. Esto se explica así por lo que dijimos: si creamos todo al nacer desde una explosión no sabemos qué repercusiones tendrá. No creo que nadie intente crear algo a partir de una explosión. Lo que pasa es que la energía es tan amorosa y sabia por su propia naturaleza, que lo caótico se acomoda y ocupa un espacio material donde empiezan a funcionar ciertas leyes que no son otra cosa que algo natural. Lo natural de una explosión es que haya fragmentos, y no es inadecuado pensar que los fragmentos recuerdan y tienden a querer volver a unirse, en este caso, energéticamente, pese a las distancias siderales. Como las nadas eran nadas, y crearon a dios, y eran oscuridad absoluta, cabe decir que se conocieron y desconocieron a la vez por millones de milenios, y a la vez en ningún lapso exacto de tiempo, puesto que este no existía. Así que puede decirse que dios es el principio de los tiempos. O el Universo, como quieran llamarlo.

Ahora, si tomásemos por un momento en cuenta como potencia de verdad el antiguo testamento encontraremos que dios en su pasado oscuro había muchas cosas que todavía no había entendido. Por ende, manda a sufrir a Abraham, nos liquida con el diluvio. Ya dije que, si fuese dios así, era un mal padre. Quizá creía que necesitábamos caos para el orden. Sufrir para aprender. Entonces te mataba a tu hijo o te hacía odiar a tu hermano. Quizá creía y puede que tuviera razón que funcionaríamos bien con las mismas leyes del cosmos. Cuando construimos Babel la destruyó y nos confundió los idiomas, para que no lo alcancemos. Como digo, tenía delirios de grandeza. Ya de por sí debió haberles dado libertad a Adán y Eva y el conocimiento él mismo sin necesidad de matarnos trabajando y sufriendo en el parto. Lo único que me cabe pensar es que hoy en día al hacerse un mortal e hijo de sí mismo, aprendió tanto de miseria y sufrimiento en carne propia que nos perdonó todo pecado y ahora es puro amor y se acabó el juicio de dios y que todo sea fructífero para un cielo en la tierra y que el cese de todo sufrimiento está en nuestras manos.

Así creo que, si tomo el antiguo testamento como válido, y creo en Jesús, puedo entender el cambio de situación. Ahora si reina alguien en la tierra es el diablo, y Jesús no llega a todos los corazones, mucho menos ese dios amor energético. Me refiero a la conciencia.

A lo que voy con todo esto es que si vamos a la oscuridad todo el tiempo, estaremos escarbando en todo lo que Dios no supo vislumbrar hacer para que no suframos. Por eso quien se adentra en lo más oscuro sufre. Y si no existiese verdad en el antiguo, de todos modos, la oscuridad sería allí donde dios nada tiene que ver. Pocos tienen la fortaleza de espíritu para estar todo el tiempo sonsacando cosas de la oscuridad sin suicidarse o perderse o ser malignos. Entonces lo que yo quiero decir sobre la oscuridad en definitiva es, que es escarbar en la nada misma y en un eterno retorno. Lo abismal, lo sin luz, es profundo e infinito porque la negrura se prolonga todo lo que se quiera, no hay tiempo, ni espacio, ni límite para la oscuridad. Solo la luz trae finitud a lo oscuro. Por eso algunos inmersos en lo abismal salen y pueden reír. No existe básicamente nadie que no pueda reír, pero si está riendo es porque no convive con la oscuridad todos los segundos de su vida. Salvo excepciones a la regla.

No condeno el poema oscuro o sobre el silencio, pero ningún extremo es bueno. La oscuridad es escarbar demasiado en la nada y en lo muerto, y por eso muchos se pierden en ella encontrando verdades que no son más que frío y revelación de la nada misma que siente todo humano en soledad o habitando ese lugar. Los poetas oscuros, siempre oscuros, más que traer verdad, giran sobre la misma rueda, no sobre mismas elipsis, pero sino fíjense cómo sus poemas revolotean en torno a la muerte, el negro y el silencio. ¿Hay mucho que sonsacar del vacío y lo oscuro? Sí, allí hay mucho sentimiento profundo soterrado. Necesitamos aprender del pasado de Dios, pobres poetas oscuros. Pero saber sacar luz de ahí…. (habiendo hecho esta reflexión tan profunda sobe dios me dio como un no sé qué de vacío y miedo que doy por cerrado el asunto y me iré a pensar cosas alegres).

Algunas cosas de Instagram

Te podría entregar mi corazón,
quizá si me prometes
que no lo vas a destrozar.

Te puedo entregar toda mi alma
pero primer tenemos que conectar.

Quiero,
quedo a tu disposición,
atentamente: un luchador con remiendos.

[…]

No es que el viejo Maxi no exista, solo que no siempre está en la lista. Mi niño juguetón lo sacó a pasear, pero al viejo lo mando a hablar. Hablan los dos, lo que sucede es que yo ya no soy yo. Hay un nuevo Maxi, mezcla del antiguo, el del medio, y el presente, estando siempre latente. Me vas a encontrar tierra y viento, un luchador no te miento. Volador y terrenal, una mezcla del bien y del mal. Serpiente y águila están, y eso es lo que me sucede en la actualidad.

[…]

El amor es eternamente solitario
La soledad es profunda
Insomne exploto de emociones, ideas y ganas de crear,
Pero debo dormir.
Mañana haré todo lo que quiero hacer en la madrugada, con calma.
Mientras tanto, no puedo dormir
y el amor, la nostalgia, y la creatividad me luchan en esto de

entrar a los ensueños.
Soy un Werther.

[...]

El polvo y lo desértico tienen un encanto,
desierto, que soy,
sediento, me podés ver.
Beber aguas sin llenarse jamás,
encontrar una que calme toda sed,
que contenga mi energía, mi chispa, mi libertad,
una que convierta mi cuenco en una fuente vacía,
pero nunca me saciaron los espejismos,
espejismos, relucen en esta maraña,
siempre escasos, testigos de esta vida fugaz,
sin sentido,
entonces sigo, siempre sigo,
y es que,
¿cómo terminar el camino si la vida no finaliza, y siempre está empezando?

[...]

Mar con nubes

Corro ciego buscando luciérnagas,
para que me den un poquito de su luz,
porque en el sendero de mi corazón
solo hay tinieblas.

Espero ansioso que algún árbol se mueva
y me regale una naranja, o una mandarina,
pero solo caen cuando están maduras.

Le pido a la naturaleza,
dáme una señal de que estás
súper viva;
que sos un ente.

No sé, que las polillas se pongan a leer,
que los tigres coman lechuga,
que la vía láctea no llame a nuestro sistema solar
a que se vaya hacia dentro.

Que me enseñe que un perro jamás muere,
y creer en la inmortalidad del alma.

Que las luciérnagas pululan conmigo,
en un mar
con nubes al tacto de la mano,
y que las ballenas me lleven a otra vida.
Lanzando lluvia
hacia la profundidad de mi alma.

Sobre Esparta

Por alguna razón, que se entiende de todos modos, lamentablemente los más "cuerdos" masacraron a "enfermos". Como el Che con esa idea utópica de unión americana socialista de equidad asesinando desviaciones como la homosexualidad.

El problema es que él es un asesino demasiado cuerdo, luchando por una causa perdida, solo, y Jesús no quiere que matemos, pero nos perdona, y los homosexuales no están enfermos, no al menos para los que aceptamos todo como necesidades del ser. Yo no pienso en inclinaciones sexuales, pienso en necesidades kármicas, álmicas. ¿Acaso mi llama gemela no es masculina? Así se dio. Destruyeron Gomorra, de la cual nada se sabe, y Sodoma, pero el enviado entendió que es necesario toda sodomía. Lo explicaré luego.

El asunto es que de muchas formas vivimos esparta. La nueva Roma.

Trip-lit-e III

Canción simple

Vuelvo a pedirle un cogollo, y ella escribe por mí.

"Canción simple en el viento,
encontrándonos en este momento
solo para expresar lo que siento y algo más"

Lo simple se lo lleva el viento, lo divino, lo supremo, el tao, aquello que está en todo. ¿Y si nosotros nos dejamos guiar en esa mochila o soledad, con otros, por el viento que exhalamos, que nos une con el otro, al respirar nuestro aire, y nosotros el de ellos? Las almas se conectan desde el aire. Dicen que la mente controla el cuerpo, y la respiración la mente. Ahí las energías propias entran en el otro, de manera más hermosa. Es un pacto mágico, un puente, un hálito de vida (el oxígeno va corroyendo nuestros órganos, por eso morimos) que entregamos, y si queremos hablarnos, nos compartimos el viento; encontrándonos en el momento único y a la vez repetible quizá, de estar en el mismo tiempo y en el mismo espacio, para expresar y evolucionar desde lo que sentimos y ese "algo más", que sólo se da cuando se vibra tan fuerte.

"Un tiempo en la eternidad, un tiempo en la eternidad"

Esa noche con amigos es un tiempo en la eternidad. Ya diré por qué.

"Una noche con amigos
vale más que todo el oro para mí.
Un recuerdo de verdad siempre te acompañará"

¿Qué me importa a mí el oro? ¿Qué me importa? Si estar acompañado con seres en una armonía preciosa y total es lo más sagrado que existe. Esos recuerdos que siempre te van a acompañar porque los amigos y compañías se entregaron tanto de su alma esa mañana, esa tarde, esa noche, esa madrugada, esa gira; se entregaron tanto de su alma y de su espíritu y conectaron en palabras y viento y energía, y nadie les borrará de la cabeza la evolución espiritual y mental que tuvieron en ese vaivén de las palabras, de las guitarreadas, de los raps quizá, de las canciones escuchadas y cantadas, de lo recitado, de los poemas, de hablar sobre sociedades y tiempos, hablar de todo; sentir de todo, discurrir en un ida y vuelta donde todo aprendemos. El oro de nada sirve, y además es de color verde.

"Un tiempo en la eternidad (un tiempo en la eternidad).
Un tiempo en la eternidad (la vida).
Una visión en la oscuridad, una luz en el mar".

Sin dudas, y sobre todo fumados, vivimos ese instante o varios instantes donde con otros nos sentimos eternos. Es tal la sinergia, que estamos viviendo en el plano superior de las cosas, alimentándonos no de pizza o cerveza, sino de almas. Nos regalamos pedacitos, los guardamos en nuestro ser, en el anillo que llevamos, en la cadenita. Signos del alma. Cuando yo fumaba flores me sentía de verdad conectando con otra persona en un momento eterno, que el tiempo no discurría, que todo lo que estábamos sintiendo con tanta vibración nos convertía, en ese preciso viaje, en algo que jamás moriría. Algo se liberaba al cosmos para archivarse en los calendarios de las fechas más importantes de la humanidad. Y aun estando low en un café, o haciendo una sesión de reiki, sin necesidad de ninguna flor, podemos hablar de tal manera, que nuestra voz se convertirá en casi llorosa, expresando lo más profundo que tenemos dentro. Por eso entre paréntesis la letra dice: la vida. Eso es la vida, así debiera ser la vida en todo momento.

Ese tiempo en la eternidad es una visión en la oscuridad: algo de repente aparece de nuestra soledad y encontramos la realidad de que tan solos no estamos. Una luz en el mar: y con eso vislumbramos una luz en nuestro océano profundo que es nuestra alma, ese océano de energía, tan abismal, abisal, soterrado, eterno, inmortal, viejo o nuevo, pero insondable, conectando al inconsciente colectivo y creando entre amigos esa revolución que guardaremos en el río subterráneo, para alimentar la cultura de tal modo; que algún día todos los ríos de todas las personas convergerán en el único océano que no es otra cosa que lo que llamamos humanidad o incluso diríase: vidas.

Sobre vibrar I

Quiero expresar algo del modo más racional, lógico, y a la vez introspectivo posible.

Vibrar vibramos todo el tiempo. Somos energía y la energía es vibración.

Para que vos y yo hayamos caído a este planeta tuvimos que vibrar como energía, y la forma de nuestra vibración fue la que nos llevó a tal o cual útero y por ende a tal parte del globo. Ahora, entre otras cosas, que vibremos de un modo que haga que estemos cerca para conocernos en nuestro país, por ejemplo, es porque o nos conocemos de otras vidas, o nos cruzamos en los planos superiores o tuvimos que encontrarnos en esta. Es importante entender que el ser humano también sigue siendo nómade. Viajar por el país hace que conozcamos a aquellos seres que vibraron cerca por alguna razón de que teníamos que conocernos. Y ya luego viajando un poco más lejos, en este caso conocer Sudamérica es porque Sudamérica como continente tiene una misión. Si yo me voy a Italia, voy a conocer ciertas personas que vibraron que debían estar en tal bar, en tal hostel, hotel, o trabajo o universidad. Cuanto más los pueblos se acerquen más rápida será o, la venida de Cristo, o (tal vez también), la armonía total de la humanidad. No les quepa duda de que Sudamérica tiene una misión, lo mismo Centroamérica, pero distinta, por idiosincrasias y pueblos originarios, pero ahora no hablaré de eso. Ah y adelanto: Norteamérica también.

Ahora voy a lo que quería ir: siempre vibramos. Digamos buen día y compremos bizcochitos y luego gracias y chau, algo se conectó. Yo de por sí le entrego todo al momento, así que sé que vibré positivo entregándole algo de alivio a la otra persona o tal vez al lugar. Se le puede llamar espíritu santo.

A lo que voy, sin necesidad de drogas, cuando por ejemplo nos tomamos un café con leche y otro más durante cuatro o cinco horas, llega un punto que entregues o no todo, entregarás todo si confiás. Y ahí es cuando empezás a sentir la vibración que te une con la otra persona. Gracias al aire y gracias a los cables que nos atan al todo, y los cables de la tierra. Y la energía que fluye también. Es por eso que cuando hablamos cosas muy profundas y diríase místicas o hablar de nuestras propias vidas con esa sinceridad brutal, y con eso me refiero a, por qué viví lo que viví, cómo lo viví, qué creo que significa, qué me enseñó, en qué crecí, en qué evolucioné, a qué me conecté; al ir expresando lo álmico de nuestro andar en la vida, se nos va a quebrar la voz de emoción, quizá levantemos un poco la voz e incluso hablemos más rápido. Es que las palabras que salen del alma es como si quisiesen salir solas de las bocas. Estamos vibrando tan rápido que sale una voz quebrada por demasiadas emociones y el que escucha ese confesarse también se sentirá como absorbido por el otro. Y, con respecto a la vibración, es lógico que cuando hablamos así nos salga una especie de llanto. ¿Saben por qué? Porque el llanto es el vivir, la risa es para la muerte. Cierro con esta frase impactante... (Aunque la indagaré).

Ciertas cosas para rescatar del El puerto del mañana, I

"¿Es el Sol lo que nos hace humanos?"

Seguro este primer tomo se publique primero que el ensayo por razones que para mí son obvias, no para ustedes. Pero si se da ese caso, ya verán que, en *El puerto del mañana,* se va adelantando los temas que se tratarán aquí y no allá. En este caso esta pegunta.

El barro nos ha hecho humanos, o mejor dicho: las bacterias, los peces, los anfibios, etcétera. Pero quizá fueron barro las bacterias. O extraterrestres. O no somos humanos. O somos de barro. Pero estamos enraizados en la Tierra, de eso no cabe duda. Cuando yo sentí un terremoto por primera vez en mi vida no sentí miedo a diferencia de mi exesposa, sino que sentí una alucinación. Todo mi cuerpo, de los pies a la cabeza, vibraba por el gran temblor de 7.5, que a donde estábamos llegaba como a seis y algo. Ahí dije, ¡Bendita gravedad! ¡Qué atado y que conectado estoy a mi planeta! Muchos me entienden cuando digo esto. Ahora, ¿la Tierra nos hace humanos? Podría decirse que sí, es la que nos da todo alimento para que la caca se transforme en bebé. Pero ¿y sin sol? Estas palabras no serían escritas. El sol quizá no sea lo único que nos hace humanos, porque también hace perros y serpientes. Pero el sol es lo que nos hace humanos. ¿Por qué? Porque el hecho de que exista luz en este planeta no solo permite la vida, no sigamos con lo biológico, vayamos más profundo: porque la luz permite que la conciencia derrote las tinieblas. Nada de lo que el humano ha hecho, dicho, crecido, evolucionado, hubiese sido posible en una caverna tenebrosa. Claro, en una caverna tenebrosa pintamos leones más fieros que los reales. Pero a plena luz del sol descubrimos la brújula, el calendario, el horario, la estructuración de nuestras mentes, para destruir lo construido, para quedarnos con la esencia sin concepto. Así que hacia esa interrogante viéndola del modo profundo, el sol es lo que nos hace "naturalmente" (ósea condición humana) humanos.

Otra cosa. pasar de despertar en despertar. Siendo muy sintético: cuanto más despertamos, más chico se hace el círculo de amistades, y a la vez más amplio el encontrar maestros, y, también, por qué no, a la vez o no, amigos nuevos.

Otra cosa más: el pasado de las estrellas que se hace presente. Ya hemos hablado de esto. Quizá por eso la energía puede recordar.

Y por último hasta ahora: las personas frágiles. Muchas personas frágiles para mí son o fueron lo siguiente: demonio en un plano superior, malas energías en un plano superior, almas nuevas, almas muy sensibles que necesitan dar esa fragilidad a la generosidad de las civilizaciones (los frágiles quizá nos salven del odio espartano ya mencionado), personas con poca evolución. Distinto tipo de personas frágiles.

Y eso es todo, gracias totales, aunque detesto el sonido de Cerati, pero ya analizaré sus letras.

Leyenda de la arquitecta y el obrero

Cuenta una leyenda que inventé a partir de mis delirios religiosos y regresión a vidas pasadas, que se me reveló como anexo a todas las escrituras sagradas visto como una posibilidad de crear una nueva religión que adore a la posible arquitecta y al obrero.

La leyenda dice lo siguiente: Cuando la nada masculina y la nada femenina se unieron, en el no-tiempo, en el no-ser, al juntarse crearon al padre vacío. El padre vacío tuvo dos primeros hijos: la arquitecta caos, el obrero caos.

El padre vacío les dio toda su potencia de saber y la arquitecta caos diseñó en su mente energética al cosmos. El obrero caos escuchó todo y creó a partir de su esencia caótica, la naturalidad del orden a partir de lo que su hermana decía. A su padre lo llamaron dios.

dios les dijo, una vez creada la madre todo, la virgen, que ellos debían encarnar en la tierra, algunos los llaman Enlil y Enki, dado que el obrero fue quien prestó su esencia para que se crease la arquitecta. Tenían una forma estelar humanoide. Pero la arquitecta sintió envidia de su padre y hermano y se volvió un demonio, buscando en la oscuridad el pasado de dios. Al hacerlo, ella creó el tercer ente cósmico. Un demonio hijo, y hermano del obrero. Ella se dividió en dos. Mantuvo su forma angelical y volvió a la luz. Los tres eran llamas gemelas. La arquitecta era la mente, el obrero el cuerpo, el tercer el alma. Al descender hacia la humanidad el obrero se encontró que cercano, como llamó a su hijo y hermano demonio, nunca podría unirse a él en carne. Ese deseo escondido de sodomía jamás se cumplió. La atracción era tan fuerte porque eran la misma alma. El obrero luego se encontró con la arquitecta y las dos llamas primigenias hicieron el amor. Luego cada uno tomó su rumbo. No se sabe a ciencia cierta si estos entes existen. Pero hay quienes dicen que la virgen quiere la inmortalidad, lo mismo que la arquitecta, y que han creado un cosmos donde nadie muere. Dicen que el obrero y cercano deben dejar de pelear para eliminar ese cosmos, y, juntos, crear el triángulo en un fragmento para que todos los huesos recuperen su sangre en todos los universos y cosmos creados, para que esa inmortalidad se dé en el plano de lo onírico superior conectado. Allí donde la médula ha sido derrotada.

Más trip-lit

Ya pasó

"Ya pasó (oh, oh, oh).
Ya pasó (oh, oh, oh).
Ya pasó (oh, oh, oh).
Ya pasó (oh, oh, oh).
Ya no guardes más, por favor,
ese sentimiento azul.
Ya no vuelvas a lastimarte así…
el invierno ya pasó"

Ya pasó la paranoia cuando estás fumado o solo. Claro que existen logias y planes mundiales para mantener estúpidos y hacer serviles a las grandes potencias e intereses cósmicos al pueblo. Te entiendo que vayas entendiendo la luz de Sudamérica, la lucha de Centro, la del Norte. Ya pasó, no te vuelvas paranoide pero vislumbrá evolucionando todo eso que alguien más arriba que nosotros, alguienes, están haciendo para que no veamos y para que nos callen y nos engañen. No guardes ese sentimiento triste, no caigas una y otra vez en flagelarte cuando viajás, sea en sueños, ensueños, drogado, fumado, o iluminado; no vuelvas a lastimarte así: el invierno ya pasó. La humanidad está en cambio de era y ya está en primavera. La luz del sur está llegando en medio de la noche. Todos los pueblos oprimidos tienen seres evolucionados luchando culturalmente. No podrán tenernos tontos mucho tiempo más.

"Ya pasó (oh, oh, oh).
Ya pasó (oh, oh, oh)
Es tan claro que no lo ves,
aunque siempre sea así.
Es tan simple llorar como reír,

pero ¿por qué seguir así?
¿Hasta cuándo te vas a repetir?
Si esto ya pasó".

Ya pasó, evolucioná y crecé, no te encierres en tus miedos y caparazón. Salí a la luz de la humanidad. Llorar es para el nacimiento, reír para la muerte. No rías ni llores, o al menos, si reís que sea en compañía de amados y amadas por el devenir de la muerte y reí haciendo del momento algo eterno. Llorá a tus familiares porque vas a sentir su ausencia, pero que una carcajada lo lleve a un plano superior. No te repitas, reí cuando evolucionás, porque ahí muere tu resto; llorá cuando nazca un despertar, porque ahí verás más dolor viviente. A más despiertes, más llorá. Pero no te repitas en lamentar o festejar, funciona al revés.

[...]

La noche del sur

"Un disfraz de piel
me tuve que poner
y viajar al sol:
humano otra vez".

Una vez que estás volado y bajás, una vez que te iluminás y dejás de estar elevado. Resumámoslo: en todas las oportunidades que existen para estar high y luego estés low, siempre dejarás de ser pura alma, ponerte piel, volver a tu jaula, a tu templo: el cuerpo; y por ende a la necesidad que tuvo tu alma de crear algo que te permita percibir el sol sin que tu energía cósmica se funda con la del astro. El alma creó el cuerpo para que tu luz no se funda con la del sol y dejes de tener identidad. Y, al estar expuesto al sol, low siendo cuerpo, mente y alma, volverás a ser humano. Puesto que ya se ha dicho que es el sol quien nos hace humanos, nos dio ese percibir luz para que la psiquis, el pensamiento, el análisis, el espíritu, el inconsciente, la razón, pueda crear algo a partir de la no-oscuridad. Darle voz al TODO.

"Animal feroz
me supe conocer.
Alazán veloz;
no paro de nacer".

Todos somos en nuestro gran apoderarnos del todo y de la nada, esa capacidad de metamorfosis del hombre, somos animales. Animales feroces y también pacíficos. El humano ha creado el tai-chi y el animal flow porque aprende de todos los animales. Nosotros percibimos y entendemos todos los lenguajes corporales de todos los seres vivientes. ¿Pero qué tiene de importante sentirse alazán, es decir un caballo rojizo? Cronos se convirtió en Caballo para fecundar a una ninfa de la cual estaba enamorado que era hija del océano y de la ninfa Tetis, vinculada al agua. Se puede decir que Zeus era Enlil, el dios o extraterrestre que no quería que lo supiéramos todo. Cronos es Anu o Yahvé, el padre vacío, el único dios, que al nacer, cortó los testículos del padre nada, o le llaman Urano, y así nació Afrodita, la diosa del amor. Puesto que el amor se crea sin que Cronos la cree. Por eso el pasado de dios es oscuro y carente de amor y guerrero. Cronos, Anu y Yahvé son dioses guerreros. Y Zeus y Enlil también. Enki el dios del amor y la sabiduría junto a Afrodita crearon sin dudas la posibilidad amar en su padre dios. Pero sacando todo esto místico: todos debemos sentirnos caballo. Sea o no tu animal de poder. Sentirse caballo es sentirse el tiempo, son animales sagrados. No paramos de nacer, al sentirnos caballos, vislumbramos cómo es ser dios, y nacemos y nacemos, evolucionamos y evolucionamos, nos elevamos y elevamos. Somos un alazán veloz, todos los animales y ninguno, y ya no seremos los mismos. Habremos recorrido el gran océano profundo y abismal que es la potencia de nuestra alma y el vislumbre lúcido del inconsciente colectivo que es ese río subterráneo que el humano sigue creando, hasta que circule en todos los seres. Cuando estamos high y vemos otra persona sintiéndonos el tiempo, es decir eternos, y nos vemos caballo, dios, percibimos esa gran profundidad del otro ser, pero no entramos. O no solemos entrar.

"Una vez que el viento se apodera de mí
no quedan más galaxias donde ir.
Abran los sentidos, es la noche del sur,
me quema con su luz".

High, re high, re iluminado, viajás por todas las galaxias. No te olvides, ningún terrestre no es extraterrestre. No importa qué raza, pero lo sos. Y abrí los sentidos, vos querido o querida floreciado, o floreciada, es la noche del sur; el sur ya está despierto de noche evolucionando los pueblos. Quema con su luz, la luz de Sudamérica, la luz de Sudamérica es una mezcla de los ancestros antes de los europeos, los europeos mismos, los americanos, el crisol de razas, de creencias, de rituales, de idiosincrasias, de culturas, todas residiendo en todo el continente recordando el pasado, tratando de estupidizarnos, y que nunca florezcamos. Pero en la noche high nacen niños luz y personas luz, que vienen a sacarse el pie de la cabeza y gritar: sí mi pueblo es genocida y víctima, mi pueblo fue sangriento y pacífico, somos el yin y el yang, y nosotros nos rebelamos contra todas las logias y solo queremos un lugar bajo el sol; donde podamos ser individualistas, pero generosos y solidarios. Esa es la luz del sur. Somos el sur, algunos.

[…]

Asfixiado (este leélo con alguna llama gemela, o alguien que sientas atracción, si podés: high)

"No puedo respirar,
el aire se me va.

Temo por mi salud;
esto me va a matar.
En esta situación
no voy a perdurar
Ya me quiero salir,
me quiero liberar;
quiero gritar, quiero decirte
por qué estoy así.
No puedo respirar,
el aire se me va.
Ya me quiero salir,
me quiero liberar;
quiero gritar,
quiero decir
quiero expresar
y transmitir, para remar
lo que no da para volver
a repetir;
lo que seguro ya pensás, o supones y confesás:
¡cuánto me gustas!"

No te quiero hacer este trip tan difícil, todo eso que dice la canción viene a decir: estando high y sintiéndote tan cerca y a la vez tan lejos de aquella persona por la cual sentís atracción a la cual le estás leyendo esto en este momento, decíle: me gustás. Y que sé dé la libertad de tal vez conectar en cuerpo con quien tenés que conectar en cuerpo, o con quien tenés que conectar alma con alma contando esa verdad profunda de todo tu ser y camino, desnudándote con palabras y confesándote para matarte y renacer.

[...]

Viaje

"Un audio, para viajar,
buscando algo para llevar.
Temprano, es mi debilidad".

¿Para viajar cómo? La música y toda arte nos hace viajar de miles de maneras, en miles de situaciones, y en miles de estados de consciencia. Para aquellos que debemos luchar contra las tinieblas, debemos estar despiertos de madrugada, así que despertarse temprano, para los que vamos evolucionando, es lo que más nos cuesta. Viajamos a veces elevados en las alas de lo que denuncia la noche.

"En vano las cosas nunca se dan.
Y allí
no me puedo quedar;
sueño en libertad,
ya no hay vuelta atrás.
Después.
Lo que va a suceder
¿Qué va a pasar después?"

Todo es causalidad en este mundo, pero podemos forjar nuestro destino. Si queremos acabar con nuestro samsara; llegó el momento de limpiar tu karma, sanarlo, y corregir tus acciones. A partir de ahí podrás no soñar, sino vivir la libertad. Cualquier ser que no emprenda el camino de la sanación kármica, boyara por muchas vidas durante largo tiempo. No hay vuelta atrás cuando soltamos las ataduras. ¿Después, qué va a pasar después? Sigamos leyendo.

"Después:
un dardo emocional:
sin excusas tenemos que entrar al más allá.

Parece ser tan difícil confiar.
Amarte, siempre es real".

Después de la libertad viene ese dardo emocional, si estás high ahora y te sentís súper divino y liberado, re contra loco diríamos, y en una gran armonía, estás en el más allá. Tu alma está conectada a planos superiores. No necesitás flores para eso si activás tus dones con alguien que te ayude, pero quedémonos fumados. ¿Qué es entrar al más allá? Sentir la médula, sentir los cables cósmicos. Y ahí parece difícil confiar, pero debés confiar, ¿cómo? Amando, que siempre es real. No sé con quién estás ahora, pero confiá en todos los que te rodean, aprendé, viajá, charlá, cantá, tocá música, lo que sea que tu alma pide a gritos hacer. Porque estar más allá en libertad siempre va a ser amar, puesto que nuestro dios es puro amor. Y, si confiás, podrás amar más de lo que cabe en el corazón. Amá con el alma.

"En mí
Yo lo siento en mí,
no puedo sentir por vos
aquello que no viví.
Detrás
de una mirada azul
se esconde mucho más,
se esconde mucho más.
En mí, yo lo siento en mí,
no puedo sentir por vos
aquello que no viví".

Vos estás sintiendo high esto, esta conexión tan pura, y esta armonía tan hermosa con quienes te rodean y el Todo. Estás pasándolo bien. El otro quizá siente lo mismo, pero si nunca fumó una flor, no podrá saber. Si no se dicen, después de leer esto, qué es lo que sienten, ¿cómo podremos saber lo que no vivimos?

Detrás de una mirada de dolor, que todos tenemos, se esconde todo un universo. Cada ser es un cosmos gigantesco, un cuerpo humanoide estelar. Así que cerrando con este trip-lit concatenado, les digo: ámense, confíen, sientan juntos, y serán libres conectando álmicamente. Eso es un momento en la eternidad. Sus lazos se dan por algo más grande que ustedes mismos. Conecten dolor con dolor, y alegría con alegría. Después de compartir, saldrán evolucionados, re-evolucionados. Morir y nacer… y el alma.

Jajajá

Rió el hombre, mirando al cielo, tras la muerte de su perro. Sabía que tenía la comedia de una soledad más pesada y extensa.

Ciertas cuestiones sobre el hedonismo, el libertinaje y las razones

Para hablar estas cuestiones, a nivel astral, me sirve mucho hablar de Sodoma, Gomorra y algo más reciente, Pompeya.

Adelantando un poco lo que diré, para que se vayan haciendo una idea: Sodoma son casos aislados que se dan en todas partes del mundo. Gomorra es una ciudad viviente que reencarna y es cósmica y terrenal.

Pero antes tengamos en cuenta algunas cosas con las cuales podemos dialogar.

Jesús hablo de la resurrección. El budismo y el hinduismo (nos interesa más el budismo), en la reencarnación. Aunque ambas cosas parecen estar en disputa, la reencarnación corresponde al alma. La resurrección al cuerpo. Los huesos quedan en este plano por algo que suponemos es esa promesa de Jesús. Se puede decir que la reencarnación, una de las creencias más antiguas, y que el budismo habla, suceden desde antes de que Cristo, fuera dios o no, existiese en la Tierra. ¿Pero qué sucede con esto?

Primero que nada el tiempo en otros planos superiores, donde todo ente cósmico es un ser más superior pero no tanto como dios o el ser supremo, el tiempo no funciona como lo percibimos en esta existencia. Se puede decir que el futuro quizá es posible de vislumbrar en un plano superior. Si los seres humanos tenemos el don de la premonición y la clarividencia, ¿por qué habríamos de dudar de esto? A lo que voy con esto es: Jesús ya sabía que las almas reencarnaban. Cuando murió en la cruz y dijo "Padre, perdonálos porque no saben lo que (se) hacen". Y luego le preguntó por qué lo abandonó. Sea Jesús dios o no para vos, lo cierto es que fue un maestro ascendido. Jesús ya sabía que las cosas reencarnaban y al pedirle a Yahvé que nos perdonara, hablaba también del pasado. Por eso los seres antes de Cristo tenían la reencarnación, porque ya estaba establecido que en el futuro dios se haría hombre, aprendería de la vida en la Tierra, y pediría perdón y resurrección en todos. Por eso desde siempre las almas tienen la oportunidad de salvarse. Si me creen en esto o no, no importa, yo se los dejo como posibilidad.

¿Y a qué voy con todo esto?

Que ciudades como Sodoma y Gomorra, con sus almas, resucitarían, ¿cómo? reencarnando. Téngase en cuenta que en Pompeya sus cuerpos se hicieron piedra, por ende, no pueden resucitar, sus huesos están en otro estado, por ende es necesaria la reencarnación en ellos, para ocupar otros cuerpos y ahí sí resucitar. Pero hay algo que creo haber descubierto o equivocarme de lleno. No lo he dicho aún, pero como es arriba es abajo. Las órbitas de todos los astros son (casi) siempre iguales. Sabemos que las órbitas van variando a lo largo de los años y milenios. La Tierra se mueve unos centímetros de su eje cada año. Por ende, como nos enseña el tai-chi y los grandes secretos: el Cosmos tiende a ser cíclico (caos y orden), pero también un espiral (como nuestra vía láctea) es decir, la tercera opción, la triangulación, caos es mente, orden es cuerpo, espiral es alma. El Cosmos va moviéndose en círculos al mismo tiempo que avanza y así se forja el camino de la espiral. Las almas parten de un epicentro, y van renaciendo en círculos de espirales proyectándose y ampliándose cada vez más en poseer más evolución. Cuantas más espiras tengan, más evolucionados. Y esto es parte del crecimiento del cosmos, como el crecimiento de la humanidad y su futura armonía y paz. Como es arriba es abajo. Lo que pasa es que esto del crecimiento requiere de miles de milenios. Quizá ya dentro de millones seremos tan evolucionados como algunos extraterrestres que ya navegan entre galaxias.

¿Y qué tiene que ver Gomorra y Sodoma? Que reencarnan. Pero hay una distinción que hacer. Todos conocemos que Sodoma supuestamente se dedicaba a la bisexualidad, y en algunos casos, a la entera homosexualidad. Al menos eso creemos. Pero de Gomorra se habló que era una ciudad muy pecadora, pero jamás conocimos sus pecados. Yo creo conocer sus pecados y los diré pronto, pero hagamos la distinción entre las dos ciudades y sus prácticas.

Sodoma es no más que la manifestación de actos sexuales naturales y de casos aislados individuales. A lo que voy con esto es que aquello que dan en llamar sodomía, es decir la relación entre dos seres del mismo sexo sucedía en todas las partes del mundo. Gomorra, sus prácticas, requieren de una urbe y de un tipo de sociedad en específico.

Voy a decir: todos nacemos siendo bisexuales. Como nosotros en el embrión somos la posibilidad del otro género, alguna vez sentiremos atracción por el mismo sexo. No digo que ser hedonista o bisexual esté mal, pero el placer por el placer no es el camino de la evolución del alma. La práctica del sexo con el mismo sexo debe ser reiterada si sos homosexual y por algo es, kármicamente, o suspendida, si estás dando rienda suelta a tu bisexualidad. Es decir, Jesús cuando vino a este mundo es muy probable que haya ejercido la sodomía; quizá con Judas. O tal vez, al ser hijo de dios, no nació bisexual y quizá ni siquiera sexual, o tal vez sí; pero no importa. Lo que importa es que él entendió, fumando faso, o viendo a los seres, que todos se inclinaban de vez en cuando por la necesidad, reprimida o no, del acto homosexual. ¿Por qué es necesario lo que se llama sodomía? Primero que nada porque todos nacemos bisexuales. Luego el control de nuestra mente o espíritu sobre nuestro cuerpo nos hará heteros, homo, o asexuales. Las necesidades biológicas pueden ser controladas por la mente. Yo no tengo sexo hace cinco años y no presento ningún trastorno por falta de sexo y masturbación. El ayuno para trascender, lo mismo que alejar el deseo carnal, son parte del camino en el cual el espíritu no depende de la carne. "Si quiero me toco el alma, pues mi carne ya no es nada". Barro tal vez, de Spinetta. En los seres más evolucionados (y esto es lo que vio Jesús), la necesidad homosexual solo se da con una llama gemela, o con una persona que conectamos astralmente. Puede ser nuestro amante, más que nada, o tal vez pareja, pero estas conexiones suelen durar poco porque son relaciones muy siderales. En cambio, cuando ya vamos por el camino en donde encontrar a nuestra compañía de vida del otro sexo, y nuestro casi siempre querer progenie, el sexo se convierte en necesidad biológica, y solemos llegar a un estado en el cual hacemos el amor de vez en cuando porque alguno de los dos necesita placer, o ambos. Sea como fuere, algunos han llegado a esto de su compañía de vida por siempre, y encontrar esa conexión astral con alguien del mismo sexo después, y lo tendrá de amante y su compañía de vida debe permitirle que se dé el lujo de tener un amante. Porque todo esto sirve para la evolución del ser.

Entonces, dicho esto, sabemos que Sodoma no es la ciudad, no importa la ciudad, importa el individuo que lo necesita. Jesús nos perdonó porque lo necesitamos. Pero, aunque en la mujer es puro placer estar con otra mujer ya que suficiente que sufre por el parto; en el hombre es dolor de la penetración para luego sentir el mayor de los goces (sacando la activación de chakras y el nirvana, pero ya son goces psíquicos) carnales y disfrutarlo. Todos los mamíferos masculinos poseen próstata. La próstata fue ideada para que un alfa haga sumisión ante un débil y le causa dolor (ejercer el poder) para luego otorgarle placer (sumisión). Por ende, en el hombre, como mamífero podemos decir que ser penetrado es perder la virilidad y ser sometido. Si somos del barro, es aprender dónde está nuestro lado femenino, tener nuevos lentes de visión, conectar con el otro costado, y no ser sometido; sino en cambio utilizar alguna vez los dos roles, y aprender a ser bisexual sin ejercer o si no está tan evolucionado: ejerciéndolo.

Jesús pidió perdón a la sodomía, porque es necesaria en el humano.

Sodoma es espontáneo y natural, Gomorra ya es otra cosa. Por eso no se quiso ni decir qué hacían. Si explicar que Sodoma como cuidad no es otra cosa que individualidad que fue castigada y luego perdonada, Gomorra es decir que no es tan solo la reencarnación de almas predispuestas a sus prácticas, sino a toda una constelación cósmica que funciona como un sistema. Es decir, Gomorra fue una ciudad que reencarna en otras ciudades pues es parte de un estado de la Tierra y un estado del Cosmos.

Es difícil explicar Gomorra, pero lo voy a intentar. En la Tierra los animales suelen procrear con sus padres, sus familiares, sus "vecinos", etcétera. De aquí que digo que Gomorra es un estado de la Tierra que también se da en el humano. En el cosmos todo son hojas descompuestas en polvo y partes separadas que quisieran unirse. En la Tierra pueden.

Les voy a poner un ejemplo: si en un barrio argentino como Villa Ballester, que tiende a la heterosexualidad y experimentación homosexual, con una gran virilidad y a la vez costumbres de pueblo, aunque esté cambiando mucho Ballester, y tenemos dos vecinos, uno casado, el otro soltero. El soltero tiene sexo con la mujer del casado. ¿Qué pasa en el barrio? Está mal visto. Traicionar a tu vecino está mal. Si vas a tener amantes hay dos opciones: en viejas generaciones y nuevas, nos divorciamos. En sobre todo nuevas, tenemos una relación abierta… ¡pero! que no sea alguien del barrio. Casi siempre funciona así. Ahora, aceptar que tu mujer o tu marido, tu novia o tu novio, tenga sexo con tu amigo, no es solo tener una relación abierta, sino una mente muy evolucionada. Se dan los casos en que es necesario que alguien de una pareja necesite estar con el amigo o amiga de su pareja por alguna conexión espiritual que necesita lo carnal. No todos están preparados para eso. Ahora bien, si estamos elevados (con droga o sin droga y sin droga también significa estar fumado) podemos vislumbrar lo que yo llamo la típica paranoia sexual. La paranoia sexual es tener miedo a ser traicionado carnalmente. Ese miedo es ancestral, muy ancestral y tiene que ver con el sentimiento de sentirse traicionado por quien más amás; y hablándolo primitivamente, perder tu "posesión". Entonces si estás elevado y ves a tu pareja haciéndose mimos con tu amigo y no querés que ellos dos estén juntos, tendrás un pequeño vislumbre de este estado de cosas que yo llamo Gomorra. Todos los seres pueden vislumbrarlo en esta paranoia sexual, el asunto es verlo en su totalidad. Para esto es necesario viajar a una ciudad que sea la reencarnación de Gomorra. ¿Qué es Gomorra? En síntesis y siendo escueto: todos tienen sexo con todos, todos siguen al dios creado por el espíritu llamado Dionisio, y practican el libertinaje y un hedonismo desmedido y disipado (el hedonismo es necesario en seres no tan evolucionados, el hedonismo extremo, es decir libertinaje, es para seres corruptos). Así fue que Gomorra sucumbió a dios o terremotos. ¿Qué le pasó a Pompeya, que hacía lo mismo? Fue devastada por un volcán. Pompeya fue una de las primeras reencarnaciones del sistema

Gomorra. Y todavía no había sido perdonado.

Luego Jesús pide perdón, y también pide perdón por Gomorra. Por ende, desde antes, Gomorra terrenalmente y cósmicamente sigue reencarnando, lo cual es lógico porque es una ley natural tanto a nivel planetario como cósmico. Cuando hablemos de Thomas de Quincey entenderemos por qué antes del cristianismo las cosas se daban igual que después del cristianismo.

Sigamos. Estoy tratando de hacerlo simple y utilizando mi experiencia. A lo que voy es que por ejemplo los hippies, que no dudaban tener sexo con sus amigos, hacer orgías y eso, fueran existentes. Son reencarnaciones de seres atados al nivel carnal que aún no han trascendido. Trascienden desde Krishna, pero no desde Visnú, que es el dios del amor, nuestro dios, un paralelismo, en el próximo texto hablaremos del verdadero dios vislumbrado en las distintas religiones. Krishna es una desviación de lo natural que enseña Visnú, cierto sentido oculto de Krishna. Y estas almas siguen cometiendo esos errores hasta que despierten.

Los hippies fueron la Gomorra nómade, toda una evolución, no cabe dudas.

¿Qué ciudad conozco yo que es Gomorra y sufre terremotos y está destinada a perecer también, donde pude vislumbrar lo nunca dicho en las escrituras y que la mayoría de los seres lo perciben en pequeños vislumbres de paranoia sexual pero casi nunca en un cuadro completo? Valparaíso.

Valparaíso es una ciudad llena de seres hedonistas en su mayoría. No dudan en prestarse a sus amigos en lo carnal. Están constantemente drogándose con todo lo posible y crear orgías, fiestas, incesto, y un gran libertinaje que no respeta nada, solo el propio deseo. Yo he visto ahí personas que querían cuartetos con mi exesposa, hombres casados que querían poseerme aun delante de su novia, miles de parejas buscando tríos, extranjeros que se radicaban y buscaban lo mismo y sabían que esa ciudad se daba para esa libertad, y esos extranjeros querían tríos u homosexualidad conmigo, novias buscando engañar, madres e hijas queriendo tener sexo conmigo por separado y en conjunto.

Yo viví en Gomorra. Eso es el resumen de Gomorra. Y estando elevado, vislumbré el gran desastre y el gran sacrificio carnal a dioses creados por el espíritu como Krishna y Dionisio, celebrando banquetes para ellos, y sin ningún escrúpulo, código, ni moral. Y el espíritu para estar elevado no necesita eso, aunque debe transitarlo, dependiendo su nivel de trascendencia. Yo, por mi parte, viví en Valparaíso-Gomorra, y nunca quise ni rendirle culto a Krishna, y a Dionisio solo en el alcohol y la música. Pero nada más. Porque yo soy un alma mucho más vieja que casi todos los que residen en Valparaíso y todos los que van de turismo o se radican porque son almas que buscan esa ciudad (y deben de existir otras, quizá Ibiza) porque lo necesitan desde su nivel kármico. ¿Qué opino yo de esas personas?... ¡ay! perdónalos, porque todavía les falta mucho camino por recorrer, y el culto a Krishna los ha vuelto locos a nivel carnal y psíquico. Lo que me temo, es que el socialismo y el poder está buscando que Gomorra exista en todas las sociedades del mundo. Es mejor no incurrir a la ira de dios y destruir a Gomorra, no buscan perdonarlos los altos poderes: los altos poderes buscan que los pueblos sean Gomorra, para que sean estúpidos, satisfechos, disipados, drogones, amorales, que no necesiten otra cosa que fiesta y sexo y así los pueblos dejarán de elevarse. ¿Será eso el New Age que nos venden? Cuidado con Gomorra…

Con respecto a las distintas manifestaciones del dios amor en todas las religiones y con respecto a las supersticiones muy analizadas en Thomas de Quincey

He decidido terminar este libro lo más pronto posible, no por cuestiones de tiempo o impaciencia, sino por la extensión que tiene. Me parece adecuada, ni muy corta ni muy larga, necesaria para un buen deglutir de todo lo que se ha dicho. Las cuestiones que menciono en el titulo serán abordadas en el segundo tomo y, admito, con más capacidad para mí tras el hecho de estudiar estos dos casos (las manifestaciones del dios amor; las supersticiones) con mayor detenimiento, maestros que me guíen, y libros para leer.

Dicho esto, paso al texto que importa mucho en nuestro ciclo que iremos concibiendo aquí y que le da título al primer tomo.

Saludos, los espero en el último texto.

Todo son hojas

La reflexión espiritual va después. Acá va lo cotidiano de mi existencia en la Tierra.

Aviso que estoy en el paraíso con Lucila, pero aún no les hablé cuál y cómo es el paraíso. Quedará para otro tomo. También que estoy en un panteón, pero no creo haber dicho cuál. Aunque cuando termine de escribir este último texto releeré todo para pulir y mejorar mis espiritualidades (llamémosle así) y me daré cuenta si ya lo dije. De todos modos, no borraré estas líneas. Ser reiterativo, olvidadizo, espontáneo, y rebelde es propio del artista que se precie. Lo mismo contradecirse. Porque somos muchas veces una contradicción andante, incluso haciendo limpieza kármica.

Bueno, estando en el planeta que ustedes habitan me di cuenta de varias cosas.

Una es que yo tenía una secuela de una enfermedad psíquica. Una linda personita me decía que era un don. Puede ser. Mi psicosis es una manifestación de mi estado elevado. Años después de mi psicosis volví a fumar flores y seguí evolucionando y no tuve brotes psicóticos. Yo solo traspasé el límite de lo mortal y de los planos. Ella sabe muy bien que hay una hoja en particular, que conforma una planta; una de las mejores plantas del mundo, que como ella dice: elije a quien y qué. Ella nos hace vislumbrar lo que se nos oculta. Sean logias o altos poderes. Como es arriba es abajo. Estamos evolucionando los seres. Cada enfermedad, dice ella, es una manifestación de algo. No cabe duda. Le creo, coincido, y quiero crecer en esta idea más adelante cuanto más dialogue con esta personita especial.

Este don es un estado de consciencia alterado que me hace ver lo malo y destructivo del ser humano, conjunto a lo que nos salva: las plantas. Y las abejas si veía una. Entre otros varios seres no humanos. Porque bueno, esto ya se sabe: el problema no es del mundo, sino del humano. Aunque el mundo es parte también de lo que está arriba, y los astros inciden en nuestra existencia en la Tierra. Pero no me voy a poner astrológico con el poco conocimiento que tengo de ese tema. En los próximos tomos indagaremos en lo astrológico porque ya habré hecho cursos al respecto. Por eso también dejamos fuera el tarot, el reiki y otras prácticas holísticas que Roma sacó de los saberes de ciencias exactas seguro por miedo al gran despertar de la humanidad; ¡pero! Nunca se olviden de ese río subterráneo que hemos mencionado. La canoa anda cada vez más naufragando menos y a punto de encontrar la montaña en formación. Ya hablaremos de estos temas en lo que siga.

Este don me hizo ver los árboles y pensar: lo importante de todo son las hojas, pues permiten el ciclo del aire.

Después con el don activado caí en la cuenta de que el tabaco que fumaba, la marca se llamaba Las hojas, y claro, el tabaco proviene de hojas.

Con el don activado tomé mate y dije: son hojas.

Con mis iluminaciones en Valparaíso dije: el metal son capas de hojas minerales.

Sin el don me di cuenta de que la luz es una hoja directa. Lo explicaré en el tercer tomo. La cocaína producto de las hojas de coca. Las flores el producto de las hojas.

El polvo es una potencia de ser hoja. Me refiero al polvo cósmico. Lo veremos en el segundo tomo.

Para resumir, todo son hojas. El té, una computadora (hojas de metal manipuladas para hacer circular la energía y mostrar imágenes). Hojas vegetales, hojas metales, hojas minerales, hojas eléctricas, hojas y hojas y hojas.

¿Lo espiritual y lo cósmico?

El planeta es un núcleo, hojaldrado seguro, con placas tectónicas, que no es otra cosa que grandes porciones de tierra y minerales hojaldradas. Las placas tectónicas también son hojas.

Las montañas son el resultado de esas hojas, son hojas que se mezclaron, chocaron, y se hicieron hojas cúspides, como las de arriba de todo de la copa de los árboles. Y las montañas son humanoides.

Las hojas vegetales son bacterias. Nosotros somos bacterias.

Nuestro interior son hojas de órganos y bacterias que se interrelacionan.

Así que para cerrar este libro les digo: todo son hojas, que luego se desgastan, y se transforman, ¿en qué? a veces en ceniza si las fumamos, en otra cosa si las comemos, y en definitiva: en un polvo fino debido a lo derruido. Por ende: Todo es polvo.

Índice

www.ingramcontent.com/pod-product-compliance
Lightning Source LLC
LaVergne TN
LVHW012117170826
845678LV00014BA/2977

* 9 7 9 8 8 4 4 2 2 9 5 7 2 *